AVALIAÇÃO EDUCACIONAL

Dados Internacionais de Catalogação na Publicação (CIP)

C395a Antonio de Souza, Renato.

Avaliação educacional / Renato Antonio de Souza. – São Paulo, SP : Cengage Learning, 2016.

Inclui bibliografia.

ISBN 978-85-221-2915-7

1. Avaliação educacional. 2. Aprendizagem. I. Título.

CDU 371.26

CDD 371.26

Índice para catálogo sistemático:

1. Avaliação educacional   371.26

(Bibliotecária responsável: Sabrina Leal Araujo – CRB 10/1507)

AVALIAÇÃO EDUCACIONAL

CENGAGE

Austrália • Brasil • México • Cingapura • Reino Unido • Estados Unidos

Avaliação Educacional

Conteudista:
Renato Souza

Gerente editorial: Noelma Brocanelli

Editoras de desenvolvimento:
Gisela Carnicelli, Regina Plascak,
Salete Guerra e Viviane Uemura

Coordenadora e editora de aquisições:
Guacira Simonelli

Produção editorial:
Fernanda Troeira Zuchini

Copidesque: Sirlene Sales

Revisão: Irene Zuchini e
Juliana Alexandrino

Diagramação e Capa:
Marcelo A.Ventura

*Imagens usadas neste livro
por ordem de páginas:*
Creativa Images/Shutterstock; Robert Kneschke/Shutterstock; bilderpool/Shutterstock; 148662203/Shutterstock; dade72/Shutterstock; PHOTOCREO Michal Bednarek/Shutterstock; Jiri Flogel/Shutterstock; Iculig/Shutterstock; Levent Konuk/Shutterstock; Stuart Miles/Shutterstock; Drpixel/Shutterstock; nito/Shutterstock; lenetstan/Shutterstock; designer491/Shutterstock; IdeaGU/Shutterstock; Monkey Business Images/Shutterstock; docstockmedia/Shutterstock; Pavel L Photo and Video/Shutterstock; Pressmaster/Shutterstock; Monkey Business Images/Shutterstock; wavebreakmedia/Shutterstock; Goodluz/Shutterstock; Robert Kneschke/Shutterstock; Monkey Business Images/Shutterstock; s_oleg/Shutterstock; Andrey_Popov/Shutterstock; Fer Gregory/Shutterstock; Tashatuvango/Shutterstock; dotshock/Shutterstock; Rawpixel.com/Shutterstock; jdwfoto/Shutterstock; Syda Productions/Shutterstock.

© 2016 Cengage Learning Edições Ltda.

Todos os direitos reservados. Nenhuma parte deste livro poderá ser reproduzida, sejam quais forem os meios empregados, sem a permissão por escrito da Editora. Aos infratores aplicam-se as sanções previstas nos artigos 102, 104, 106, 107 da Lei nº 9.610, de 19 de fevereiro de 1998.

Esta editora empenhou-se em contatar os responsáveis pelos direitos autorais de todas as imagens e de outros materiais utilizados neste livro. Se porventura for constatada a omissão involuntária na identificação de algum deles, dispomo-nos a efetuar, futuramente, os possíveis acertos.

Esta editora não se responsabiliza pelo funcionamento dos links contidos neste livro que possam estar suspensos.

> Para permissão de uso de material desta obra, envie seu pedido para
> **direitosautorais@cengage.com**

© 2016 Cengage Learning Edições Ltda.
Todos os direitos reservados.

ISBN 13: 978-85-221-2915-7
ISBN 10: 85-221-2915-0

Cengage Learning Edições Ltda.
Condomínio E-Business Park
Rua Werner Siemens, 111 - Prédio 11
Torre A - Conjunto 12
Lapa de Baixo - CEP 05069-900 - São Paulo - SP
Tel.: (11) 3665-9900   Fax: 3665-9901
SAC: 0800 11 19 39

Para suas soluções de curso e aprendizado, visite
www.cengage.com.br

Impresso no Brasil
Printed in Brazil

Apresentação

Com o objetivo de atender às expectativas dos estudantes e leitores que veem o estudo como fonte inesgotável de conhecimento, esta **Série Educação** traz um conteúdo didático eficaz e de qualidade, dentro de uma roupagem criativa e arrojada, direcionado aos anseios de quem busca informação e conhecimento com o dinamismo dos dias atuais.

Em cada título da série, é possível encontrar a abordagem de temas de forma abrangente, associada a uma leitura agradável e organizada, visando facilitar o aprendizado e a memorização de cada assunto. A linguagem dialógica aproxima o estudante dos temas explorados, promovendo a interação com os assuntos tratados.

As obras são estruturadas em quatro unidades, divididas em capítulos, e neles o leitor terá acesso a recursos de aprendizagem como os tópicos *Atenção*, que o alertará sobre a importância do assunto abordado, e o *Para saber mais*, com dicas interessantíssimas de leitura complementar e curiosidades incríveis, que aprofundarão os temas abordados, além de recursos ilustrativos, que permitirão a associação de cada ponto a ser estudado.

Esperamos que você encontre nesta série a materialização de um desejo: o alcance do conhecimento de maneira objetiva, agradável, didática e eficaz.

Boa leitura!

Prefácio

O pedagogo, ao exercer a nobre atividade de docência, transmite a base necessária para os seus aprendizes, alcançando os melhores resultados ou os mais frutíferos possíveis. A consequência do seu trabalho se imbui de certa responsabilidade que somente por meio da prática de avalição é possível "calibrar" e apurar o que é repassado às novas gerações.

O questionamento que se faz gira em torno dos métodos aplicados para a medição desse trabalho. Será que no Brasil é possível traçar métodos avaliativos condizentes com a realidade contemporânea da educação nacional? Quais paradigmas os professores possuem que podem servir de inspiração para que sejam aplicados no seu dia a dia? Essas são perguntas relevantes que merecem atenção e reflexão.

O conteúdo de Avaliação Educacional colocará alguns tópicos em xeque na Unidade 1; assuntos como a avaliação educacional cotidiana, a avaliação educacional no contexto estadunidense e inglês serão debatidos. Ainda, o leitor aprenderá um pouco mais sobre as avaliações qualitativa e quantitativa, e sobre a avaliação educacional no contexto brasileiro.

Na Unidade 2, serão explorados os conceitos de avaliação educacional como medida e ensinadas as teorias das avaliações classificatórias, a avaliação como exame e a diagnóstica, entre outros assuntos.

A Unidade 3 trata da avaliação educacional baseada em objetivos, além da avaliação educacional nos diversos estágios do processo educacional (Educação Infantil, Ensino Fundamental, Ensino Superior).

Por fim, os critérios para escolha dos procedimentos e instrumentos de avaliação serão vistos na Unidade 4, além dos conceitos sobre diário de bordo e da pesquisa.

A avaliação educacional é um assunto que diz respeito a todos que participam, de certo modo, do progresso educacional contemporâneo. Saber se as gerações estão compreendendo e atingindo as metas do processo de aprendizagem é um compromisso do qual todos nós somos responsáveis e convidados a participar.

Bons estudos.

UNIDADE 1
AVALIAÇÃO NO PROCESSO ENSINO-APRENDIZAGEM: HISTÓRICO E PARADIGMAS

Capítulo 1 Introdução, 10

Capítulo 2 Avaliação educacional: do cotidiano à prática escolar, 11

Capítulo 3 Avaliação educacional no contexto estadunidense, 14

Capítulo 4 Avaliação educacional no contexto inglês, 16

Capítulo 5 Avaliação educacional no contexto brasileiro, 18

Capítulo 6 Paradigmas da avaliação educacional, 22

Glossário, 26

1. Introdução

A **avaliação educacional** é uma importante questão pedagógica, por proporcionar a **percepção do ensino** e da aprendizagem e promover mudanças na forma de ensinar e de aprender, de acordo com a necessidade.

A **função da avaliação educacional** é identificar se os objetivos educacionais estão sendo alcançados, se as questões foram aprendidas, e refletir sobre o porquê de, eventualmente, o ensino não ter sido assimilado. A partir desses dados, promoveremos a melhoria de desempenho, tanto do trabalho pedagógico realizado pelo professor, quanto da aprendizagem do aluno.

De acordo com Demo (1987), grande parte da literatura que trata da avaliação educacional diz respeito à aprendizagem do aluno e também às técnicas de avaliação; entretanto, avaliação refere-se a um processo intencional que se aplica a qualquer prática, inclusive sobre o trabalho do professor desenvolvido com seus alunos. Além disso, em contextos institucionais de ensino, não tratamos a aprendizagem de maneira isolada do ensino, pelo contrário, tratamos de ensino-aprendizagem e, portanto, a avaliação deve proporcionar um olhar para essas duas questões.

A avaliação educacional refere-se ao planejamento e análise de evidências da aprendizagem para, a partir disso, estudá-las, com a finalidade de promover mudanças na forma de ensinar e aprender. Em resumo, toda avaliação escolar, independentemente do nível de instrução, envolve procedimentos de coleta, organização e interpretação de dados, enfatizando que o aluno é sempre o centro desse processo (ANTUNES, 2002).

Para iniciarmos essa discussão, apresentamos um histórico da avaliação educacional, abordando essa questão no dia a dia, fora do contexto escolar até a sistematização dessa área de estudo, para fins educacionais.

Nesse percurso, apresentaremos o panorama da avaliação educacional nos contextos estadunidense, inglês e brasileiro.

Os contextos estrangeiros justificam-se em razão da qualidade, pertinência e inovação de estudos, relacionados ao objeto de nosso estudo.

Como complemento, abordaremos os paradigmas da avaliação educacional.

Bons estudos!

2. Avaliação educacional: do cotidiano à prática escolar

A avaliação é um fenômeno humano presente no dia a dia das pessoas e em suas relações. Podemos dizer que a avaliação está presente desde o início do processo civilizatório e, portanto, não é um fenômeno meramente escolar.

Nas interações cotidianas, nas relações de trabalho, familiares, entre amigos e de lazer, a avaliação faz-se presente sempre com julgamento de valor de questões diversas.

Ao assistirmos a um telejornal e comentarmos as notícias com um amigo, estamos avaliando essas notícias, a forma de veiculação, o posicionamento do apresentador, entre outras questões; ao publicarmos ou compartilharmos determinado conteúdo em redes sociais, como o posicionamento sobre as condições climáticas, trazendo questões do nosso cotidiano, estamos avaliando, desde o fato da escolha do conteúdo publicado até o próprio conteúdo, concordando ou não com os fatos e as circunstâncias, curtindo algum comentário ou compartilhando de algo.

Avaliação no cotidiano

Até as crianças têm esse comportamento muito bem desempenhado, por exemplo, ao demonstrar **predileção** por determinado programa de televisão, um brinquedo, uma roupa, um alimento, uma atividade de lazer, entre tantas outras possibilidades. Portanto, a avaliação é algo contínuo em nossa vida, pois, como demonstramos, constantemente fazemos julgamento de valor, de alguém, de algum fato ou fenômeno.

Essa avaliação cotidiana é realizada levando-se em conta disposições pessoais, subjetivas e qualitativas.

A avaliação no contexto educacional assume um caráter importante por estar relacionada ao próprio desenvolvimento humano.

Avaliação em contexto formal de educação

Toda ação pedagógica deve pautar-se por objetivos de aprendizagem que mobilizam as ações seguintes.

Imaginemos que em determinada aula o objetivo de aprendizagem seja aprender estratégias de leitura de poemas. Assim, professor selecionará poemas para serem trabalhados na sala de aula. A partir desse objetivo, o professor elaborará uma sequência didática para ser desenvolvida com os alunos, ou seja, as ações pedagógicas planejadas e com objetivos definidos para a aprendizagem de determinado conteúdo. É com base nos objetivos educacionais que o professor pensará no instrumento de avaliação mais adequado para verificar se os objetivos de ensino-aprendizagem foram alcançados.

Pela situação hipotética descrita anteriormente, percebemos que a avaliação faz parte do processo educacional e é um instrumento importante, que permite acompanhar o desenvolvimento das pessoas envolvidas nesse processo.

Nesse sentido, a avaliação educacional permite refletir sobre a tomada de decisão relacionada a questões pedagógicas, que envolvem as ações educacionais desenvolvidas pelo professor e a aprendizagem do aluno.

Para Antunes (2002), a avaliação deve ser pensada no que se refere a teoria, método e perspectiva educacional utilizada.

Para isso, o autor propõe seis perspectivas:

1) Aprendizagem ocorre quando o aluno é capaz de construir significados e atribuir sentido àquilo que aprende, portanto, a avaliação educacional deve considerar a perspectiva construtivista;

2) Aprendizagem não ocorre apenas de uma única forma, por meio de aula expositiva do professor, por exemplo, mas de múltiplas maneiras, de modo que as múltiplas inteligências devem ser abordadas em sala de aula por fornecer estímulos distintos para alunos que aprendem de formas diversas;

3) Aprendizagem ocorre, de fato, quando o que se aprende tem significado para o aluno, ou seja, a aprendizagem significativa é uma forma de proporcionar o desenvolvimento e mudanças de comportamento, de maneira que o aluno seja capaz de atuar em diferentes contextos, transferindo saberes de uma situação para outra;

4) Aprendizagem não ocorre apenas por meio do professor, já que não consideramos o professor como o único detentor e transmissor do conhecimento, pois, em tempos de acesso, armazenamento e compartilhamento constantes de informação, o conhecimento pode ser proporcionado por múltiplos meios;

5) As instituições de ensino, independentemente de seu nível educacional, devem ser um ambiente propício para a circulação do conhecimento, que não está pronto nem acabado, mas em constante evolução. Sendo assim, esse espaço precisa estimular a produção de conhecimento e não apenas a sua reprodução, sem qualquer reflexão a respeito; e

6) Avaliação educacional deve ser percebida como um processo contínuo, e não apenas em situações esporádicas, com provas e exames formais, de maneira que outras formas de avaliação devem ser pensadas para que a capacidade e o desenvolvimento do aluno sejam considerados em uma perspectiva mais ampla.

Essas perspectivas devem ser levadas em conta quando pensamos em avaliação educacional, isto é, sem razão no ensinar, não há razão, também, em avaliar.

Nesse sentido, não se confunde avaliação com medida, verificação e controle, com a finalidade de punição, coação ou classificação do aluno.

Temos consciência dos desafios que propõe, mas, ao mesmo tempo, temos confiança em melhorar nosso sistema educativo, inclusive, em relação à avaliação educacional, seja do nosso trabalho como professor seja da aprendizagem do aluno.

A seguir, faremos um resgate histórico sobre a avaliação educacional, que nos permitirá compreender como essa questão tem sido abordada ao longo dos tempos, iniciando pelo contexto estadunidense, partindo para o inglês e, em seguida, para o contexto brasileiro.

3. Avaliação educacional no contexto estadunidense

De acordo com Dias Sobrinho (2002), a avaliação educacional passou a ser utilizada de maneira mais constante e estruturada a partir do século XVIII, em especial na França, que vivia o período de pós-revolução francesa, devido à institucionalização da educação e à criação de escolas modernas.

A avaliação, nesse período, estava estritamente relacionada à avaliação da aprendizagem, de maneira que não se cogitava pensar, por exemplo, em avaliação de currículo, projeto, ou qualquer outra forma de avaliação que não contemplasse a aprendizagem dos alunos.

A avaliação educacional tem assumido sentidos diferentes em determinados momentos históricos, relacionados a questões como por que ou para que se educa e se avalia (VIANA, 2000).

Nessa seção, trataremos especificamente da avaliação educacional no contexto estadunidense, em razão das fortes influências que esse sistema de avaliação exerceu sobre a educação brasileira.

Nesse contexto, a princípio, a avaliação era utilizada como medida de verificação, de caráter quantitativo, com a finalidade de medir e classificar. Dias Sobrinho (2002) afirma que essa forma de avaliação como medida dominou do fim do século XIX até parte do século XX.

Além disso, ela tem sido utilizada dissociada dos sujeitos envolvidos (alunos) e dos contextos em que ocorre.

No início do século XX, em plena Guerra Fria, a sociedade estadunidense vivia profundas transformações nos campos da ciência, da técnica e da comunicação de massa, além das questões geopolíticas que envolviam a União das Repúblicas Socialistas Soviéticas (URSS), que refere-se à parte do território onde está situada a Rússia (POPHAM, 1983).

PARA SABER MAIS! Um bom artigo sobre a Guerra Fria está disponível na internet e pode ser acessado no site: <www.infoescola.com/historia/guerra-fria/>. Acesso em: 20 dez. 2015.

Especialmente em relação a esse último fator, a população estadunidense estava profundamente descontente com a educação pública perante o desempenho da URSS nas áreas de Física e tecnologia.

Foi nesse contexto histórico que a avaliação educacional começou a ganhar outros contornos, como planejamento, desenvolvimento e avaliação de projetos educacionais, embora não com a qualidade necessária, avaliando também o funcionamento de escolas, currículos, programas de ensino, entre outros aspectos.

Assim, com esse novo paradigma da avaliação educacional, esperava-se que a demanda da sociedade e as necessidades educacionais dos alunos fossem atendidas com a finalidade de projetar a nação estadunidense à frente do cenário geopolítico.

Com essas mudanças, as avaliações orais, tradicionais na época, foram substituídas por exames escritos, com questões objetivas e dissertativas, aplicadas a uma amostra de estudantes de escolas públicas.

Com estudos que investigavam esses dois tipos de testes, tornou-se possível a aplicação de programas de avaliação voltados para grande população de alunos, tanto em nível regional quanto estadual.

Esses fatos contribuíram para a sistematização da avaliação educacional como área específica do conhecimento.

Mais tarde, outras possibilidades técnicas de avaliação educacional surgiram, ampliando as que já estavam em vigor. Dentre esses novos instrumentos, destacamos inventários, questionários, observação, fichas de registro de comportamentos e outras formas de coleta de dados para avaliação da aprendizagem que contemplassem a questão longitudinal, ou seja, uma questão processual.

ATENÇÃO! Avaliação de caráter longitudinal visa analisar variáveis focos de estudo ao longo de um período determinado.

Já na década de 1950, a avaliação curricular com publicações de estudos científicos teve destaque (LEWY, 1979).

Esse sistema avaliativo foi estendido para as escolas secundárias e universidades, incluindo um sistema de avaliação de competência de professores.

Nessa perspectiva, a avaliação educacional no contexto estadunidense objetivava redimensionar o sistema de educação do país, para atender às demandas sociais da época e, consequentemente, contemplar o modelo socioeconômico que se delineava.

A partir da década de 1950, a avaliação educacional ampliou sua dimensão, propondo novos objetos de estudo como avaliação de políticas públicas, de instituições, de cursos, entre outros, estando ou não diretamente relacionados à educação formal (DIAS SOBRINHO, 2003), ampliando o alcance para fora dos Estados Unidos, incluindo o Brasil.

A partir dos anos 1970, a avaliação educacional passa a ser um campo profissional definido, com o surgimento de importantes revistas de publicações especializadas, deixando claro que essa disciplina estava se firmando como área do saber humano.

4. Avaliação educacional no contexto inglês

Na Inglaterra, a avaliação educacional surgiu por volta do século XIX, associada à questão inglesa de que a educação é um elemento indiscutível para se alcançar a eficácia.

De maneira análoga ao caso estadunidense, a discussão inicial também se pautou por questões estatísticas e de medidas. Entretanto, a partir da década de 1950, a Inglaterra impulsionou sobremaneira a alfabetização e a aprendizagem da leitura, contribuindo para que novas discussões sobre avaliação surgissem no contexto acadêmico (NORRIS, 1993).

Outro fator que impulsionou a discussão sobre avaliação educacional refere-se ao período pós-Segunda Guerra de 1945, em que os ingleses constataram a

relação entre a mão de obra qualificada pelo processo educacional e o crescimento econômico. Essa questão impulsionou a reformulação dos currículos educacionais.

Nesse contexto, a avaliação qualitativa passou a ser discutida como outra forma de avaliação, até então utilizada: a quantitativa.

Diferenças entre avaliação qualitativa e quantitativa

Avaliação qualitativa	Avaliação quantitativa
Refere-se à forma de avaliação em que busca interpretar, significar e compreender fatos e fenômenos, ou seja, busca significados a partir de algo concreto; resultado não é mensurado em termos quantitativos, mas, sim, em termos de significados.	Refere-se à forma de avaliação que busca medir e quantificar, de maneira altamente controlada, a aprendizagem do aluno ou outros objetos de análise.

Assim, a avaliação educacional deixou de ser pensada como uma etapa dissociada do processo educacional e passou, então, a ser pensada em conjunto com o currículo escolar, de modo que auxiliasse na tomada de decisões relacionadas ao programa educacional.

Nesse contexto, surgiram três contribuições importantes da avaliação educacional (VIANNA, 2000):

> 1 – decisões sobre conteúdos de curso e sobre métodos de ensino;
>
> 2 – decisões sobre necessidades dos alunos; e
>
> 3 – decisões sobre formação de professores.

Na visão de Vianna (2000), a avaliação no contexto inglês é contraditória às questões contemporâneas pelo fato de opor-se frequentemente à avaliação somativa, processual, além do fato de ter tirado a autonomia dos professores.

Gipps (1994), afirma que a avaliação educacional está associada a um currículo nacional, baseado em objetivos e que incentiva os professores a concentrar suas ações pedagógicas em habilidades e processos.

De acordo com a autora, dois processos avaliativos estão em vigor: um faz referência aos testes e às tarefas padronizados e de caráter externo, ou seja, essa avaliação é realizada por outra instituição e não pela própria escola; o outro faz referência à avaliação do professor.

Para isso, há um escalonamento de níveis que os alunos devem alcançar em cada disciplina, e os métodos ficam a critério do professor. Entretanto, de acordo com a autora, são incentivadas avaliações informais e observação.

A avaliação educacional no contexto inglês está sempre em discussão e tem passado por diversas reformas curriculares ao longo de sua história. Duas preocupações relacionadas a essa questão devem ser mencionadas: a primeira refere-se ao impacto que a avaliação exerce sobre o ensino, considerando o fato de que a avaliação do currículo nacional está tornando-se cada vez mais formal, com foco cada vez mais centrado em testes padronizados e com espaços cada vez menores para avaliação de desempenho; a segunda diz respeito às diferenças existentes em relação às escolas inglesas, o que causa certa preocupação, em caso de excesso de matrículas em algumas escolas em detrimento de outras, ocasionando exame para seleção de alunos e obrigando os que tiverem menor desempenho a estudar em escolas com baixo índice instrucional (GIPPS, 1994).

5. Avaliação educacional no contexto brasileiro

Até os anos 1960, a avaliação educacional no Brasil deixou uma lacuna muito grande em termos de pesquisa e análise. Foi a partir desse período que se começou a produzir algo sobre essa temática, ainda de forma muito insipiente, sobretudo baseada na produção estadunidense (VIANNA, 1994).

No contexto brasileiro, ao contrário do que ocorre nos Estados Unidos, a avaliação educacional é promovida por órgãos governamentais, em nível federal, pelo Ministério da Educação, ou em nível estadual, pela Secretaria da Educação que, muitas vezes, recorrem a outras instituições públicas ou privadas, como fundações e universidades.

Uma atividade pioneira em nosso País é atribuída à Fundação Brasileira para o Ensino de Ciências, que entre 1960 e 1970, iniciou um programa de novos currículos para as áreas de Ciências, Matemática, Química, Física e Biologia simultaneamente ao programa de avaliação, mas, infelizmente, essa iniciativa não teve continuidade em outras instituições (VIANNA, 1994).

De acordo com o autor, em situação análoga a essa, em meados de 1960 no Rio de Janeiro, a Fundação Getulio Vargas iniciou um projeto no Estado para avaliar crianças matriculadas na rede pública ao final do 1º grau (atual Ensino Médio), com colaboração de autores dos Estados Unidos, que contribuíram para elevar a avaliação educacional a outro patamar naquele país, para a formação de especialistas brasileiros.

Por razões diversas, o Estado não deu continuidade a esse projeto e, mais uma vez, o Brasil perdeu a chance de formar especialistas na área e promover mudanças mais profundas na educação por meio da avaliação educacional.

Essa temática seria recuperada nos anos de 1970 e 1980, mas voltada para o acesso ao 3º grau (Ensino Superior), em razão da proliferação de instituições de ensino desse nível educacional. Nesse período, houve também o interesse em avaliação de programas, considerado um aspecto positivo na conjuntura da época, mas, infelizmente, esses trabalhos não tiveram continuidade, como afirma Vianna (1994). A abordagem era por meio de testes quantitativos e formas de análise de dados socioeconômicos.

Outro aspecto relevante para a avaliação educacional refere-se ao contexto rural de educação. Dos anos de 1970 até meados de 1980, o programa Edurural, desenvolvido pela Fundação Cearense de Pesquisa em parceria com a Fundação Carlos Chagas, buscou avaliar o desempenho de Português e Matemática de crianças da 2ª e 4ª séries do Ensino Fundamental de 603 escolas rurais do Nordeste.

Nas disciplinas avaliadas, os resultados apresentaram um cenário da aprendizagem de conceitos básicos muito aquém do esperado (VIANNA, 1994).

De acordo com Gatti (1994), a causa desses problemas se deu devido à rotatividade de professores, influência política na designação desses profissionais para essas escolas foco da avaliação, problemas na distribuição de livros e materiais didáticos, problemas relacionados à merenda, frequência irregular dos alunos, condições familiares, dificuldades de acesso às escolas rurais, ensino baseado na memorização e sem significado para os estudantes, entre outros fatores, o que configura um cenário dramático e preocupante, cujos problemas persistem na educação brasileira nos tempos atuais.

O projeto buscou avaliar também outras variáveis, como condições das escolas, perfil dos professores, impacto do treinamento recebido pelos docentes e condições da família do aluno (GATTI, 1993).

Já no final dos anos de 1980, o Instituto Nacional de Estudos e Pesquisas Educacionais (INEP) iniciou um amplo programa de avaliação, com abrangência nacional, de alunos matriculados no 1º grau das escolas públicas.

Os objetivos dessa avaliação visavam identificar pontos curriculares críticos, investigar questões relacionadas aos aspectos cognitivos básicos em alunos da 1ª, 2ª, 3ª, 5ª e 7ª séries e subsidiar professores na recuperação de seus alunos (VIANNA & GATTI, 1988).

Como desdobramento desse projeto, o INEP passou a atuar, então, em parceria com as Secretarias de Estado para promover a avaliação de alunos do 1º grau da rede pública, com a finalidade de o estado participar mais ativamente nas decisões referentes à educação de crianças desse nível educacional.

Ainda nos anos de 1980, outro projeto de avaliação educacional que merece menção é o realizado pelo Ministério da Educação, com o apoio do Banco Mundial e a colaboração da Fundação Carlos Chagas.

O foco dessa avaliação era alunos do 2º grau (atual Ensino Médio), mais especificamente alunos da última série dessa etapa educacional, e contemplou escolas técnicas federais, escolas estaduais e particulares, escolas de habilitação ao magistério e de formação industrial (promovidas pelo Senai).

Resultados importantes também foram produzidos por esses estudos, entre eles o de que há relação entre desempenho escolar e fatores socioeconômicos e o alto desempenho das escolas técnicas federais em relação às demais escolas do mesmo nível pesquisadas.

No início de 1990, escolas privadas passaram a ser avaliadas pelo mesmo método aplicado às escolas públicas, mas com um objetivo diferente: relacionar condição social e rendimento escolar (VIANNA, 1994). Alguns resultados importantes emergiram dessa investigação: a escola privada não é uma excelência como se imaginava, assim como a escola pública, no geral, também não é um poço de incompetência.

De acordo com o autor, apesar desses fatos importantes, a avaliação educacional no Brasil no início da década de 1990 ainda era escassa.

Foi apenas nesse período que se iniciou o sistema nacional de avaliação da educação básica (SAEB) com objetivos de qualificar os resultados obtidos de alunos de escola pública, criar e consolidar competências para a avaliação do sistema educacional (PESTANA, 1992), em um trabalho em parceria com o Ministério da Educação e as Secretarias Estaduais de Educação. Em complementação ao SAEB também se implantou a Prova Brasil.

Esses sistemas visam avaliar estudantes de escolas públicas e privadas do país, tanto da área rural quanto urbana, matriculados na 4ª e 8ª série do Ensino Fundamental (5º e 9º anos) e na 3ª série do Ensino Médio, nas disciplinas de Língua Portuguesa e Matemática.

Nesse cenário de avaliação institucional, também merece destaque o Exame Nacional do Ensino Médio (Enem) criado em 1998, que busca verificar o domínio de competências e habilidades de alunos concluintes desse nível educacional, em relação às áreas de Ciências Humanas e suas Tecnologias, Ciências da Natureza e suas Tecnologias, Linguagens, Códigos e suas Tecnologias e Matemática e suas Tecnologias.

Esse exame atende a várias finalidades, como: avaliar o desempenho dos alunos concluintes do Ensino Médio; promover o acesso do estudante ao Ensino Superior em diversas instituições privadas e também públicas; inscrever-se em bolsa de estudo, promovida pelo governo federal, em instituições particulares de Ensino Superior por meio do programa Universidade para Todos (Prouni); promover acesso ao programa Fundo de Financiamento Estudantil (Fies); acesso ao programa Ciência sem Fronteiras e também obter o Certificado de Conclusão do Ensino Médio.

No Brasil, a oficialização dos sistemas de avaliação surgiu no início da década de 1990, do século passado.

Em nível de avaliação educacional de caráter internacional, no início dos anos de 1990, houve a primeira avaliação que contemplou estudantes brasileiros de 13 anos de idade, em relação ao desempenho em Matemática e Ciências, cuja amostragem recaiu sobre as cidades de São Paulo e Fortaleza, como participação no projeto da International Assessment of Educational Progress – IAEP – (Avaliação Internacional do Progresso Educacional) (VIANNA, 1992).

Essa avaliação, de acordo com o autor, visava analisar o desempenho dos estudantes de vários países participantes do projeto em relação às disciplinas avaliadas e identificar práticas educacionais, desenvolvidas por sistemas de educação desses países, inclusive do Brasil.

Os resultados do desempenho de nossos alunos refletiram aqueles já identificados em sistemas nacionais de avaliação, ou seja, de crise em nosso sistema educacional.

Essas avaliações internacionais costumam ser bastante criticadas, em razão da diversidade de currículos, objetivos, cultura, ambiente, entre outros indicadores.

A partir dos anos 2000, outro sistema internacional de avaliação, o Programme for International Student Assessment – PISA – (Programa Internacional de Avaliação de Estudantes), começou a ser aplicado no Brasil por meio de amostragem de cerca de 5 mil alunos e, atualmente, ampliou essa amostragem para 32 mil estudantes. O foco é em discentes na faixa de 15 anos, que estejam cursando o 8º ano do Ensino Fundamental e, atualmente, busca investigar o desempenho nas áreas de Ciências, Matemática, Leitura, Resolução Colaborativa de Problemas e Competência Financeira.

Pelo relato histórico apresentado, percebemos que a avaliação educacional firmou-se como importante mecanismo da educação, sobretudo a partir dos anos 1990.

Ainda hoje, falar sobre avaliação é uma questão complexa, além do fato de que avaliação, até pelo contexto histórico estadunidense e inglês que influenciou o contexto brasileiro, é confundida com medida, mesmo que, apesar de demonstrado, avaliar e medir tenham sentidos diferentes na avaliação, isto é, a medida pode fazer parte da avaliação, mas não se esgota nela.

Pelo histórico apresentado, podemos compreender que a avaliação é uma tendência mundial, entretanto, muitas vezes, seja no viés governamental ou até mesmo dentro da própria escola, a avaliação tem sido abordada como um fim em si mesma e não um ponto de partida para corrigir percursos, dificuldades de aprendizagem, equívocos no ensino, entre outras questões.

Embora a produção acadêmica brasileira seja bastante ampla – ver, por exemplo, Popham (1983), Demo (1987), Amorin (1992), Vianna (1992), Lukhesi (1995), entre outros – a respeito da avaliação educacional, sobretudo a partir dos anos de 1990, a avaliação da aprendizagem no contexto brasileiro ainda é muito tradicional e de caráter quantitativo, autoritário, de medida e classificação dos alunos, mesmo que não faltem alternativas para meios qualitativos e inovadores de avaliar a aprendizagem, considerando, inclusive, seu processo educacional.

6. Paradigmas da avaliação educacional

Pelo histórico apresentado, é possível compreender que até a década de 1930, a avaliação era identificada predominantemente como medida, com predominância de testes e exames padronizados, objetivos, ou seja, uma avaliação meramente classificatória.

Nesse paradigma avaliativo, destacamos a base conceitual que influenciou a avaliação educacional: psicologia/**psicometria**. Esse modelo é fortemente marcado por questões quantitativas, de verificação e controle de variáveis.

ATENÇÃO! Psicometria refere-se à técnicas quantitativas para medir a inteligência e o desempenho humano.

Paradigmas da avaliação educacional

O período entre 1930 e 1960, em razão do pós-guerra e também da Guerra Fria, foi marcado pela necessidade de recuperação econômica e pela expansão industrial estadunidense. Por essa razão, a educação passou a ser vista como um meio e condição para o desenvolvimento dos EUA.

O novo paradigma estabelecido para a avaliação educacional estava pautado na definição prévia de objetivos de aprendizagem. Isso implica dizer que passou a haver uma integração entre currículo escolar, métodos de ensino e avaliação da aprendizagem, embora no Brasil isso passou a ser considerado tardiamente.

Nesse modelo de avaliação, primeiro definiam-se os conteúdos de ensino-aprendizagem para, em seguida, estabelecer os métodos de ensino

mais adequados para que o aluno aprendesse o que foi proposto. Então, na etapa seguinte, a avaliação da aprendizagem deveria contemplar o que foi ensinado e demonstrar se o objetivo de ensino-aprendizagem foi atingido, a partir da observação de mudanças de comportamento, em relação ao objeto de ensino-aprendizagem.

Nesse modelo de avaliação, os instrumentos avaliativos deveriam ser capazes de avaliar somente aquilo que foi contemplado nas ações pedagógicas do professor.

Apesar da mudança de paradigma, esse modelo ainda era influenciado fortemente pelo positivismo e sua lógica utilitarista. A avaliação ainda era um instrumento classificatório, com um fim em si mesmo.

Um aspecto importante que surge com esse modelo refere-se à avaliação enquanto gestão, baseada no princípio de que educar é administrar a educação, de maneira que gere qualidade e excelência. Nesse sentido, houve um deslocamento da avaliação, enquanto medida para uma avaliação descritiva.

Criando condições para esse modelo avaliativo, as situações de ensino-aprendizagem eram elaboradas pensando em objetivos a serem alcançados, a partir da comunicação dessa finalidade ao aluno, na intenção de maximizar esforços para que pudesse alcançá-lo. Além disso, as situações didáticas eram criadas de modo que pudessem provocar comportamentos observáveis.

Já nos anos de 1960 e 1970, a avaliação educacional é marcada pela definição de um campo do saber, dialogando com outras áreas do conhecimento, com a finalidade de resolver problemas sociais. Ela ganha uma dimensão política e pública, como, no contexto brasileiro, os programas de avaliação em nível nacional instituídos nesse período.

ATENÇÃO! Neoliberalismo refere-se a uma vertente do liberalismo que vê na educação um mecanismo de adequação do ensino à competitividade de mercado, abertura a financiamentos empresariais e, também, pesquisas educacionais com viés prático e utilitário.

Na década seguinte, o paradigma da avaliação educacional é marcado pelo viés neoliberal na política. Nesse período, surge um novo Estado avaliador, entretanto, diferentemente da etapa anterior, esse Estado avalia para punir instituições que não apresentassem resultados desejados e, com isso, questões como cortes de financiamento e rebaixamento de fé pública de instituições de ensino eram postas em prática.

O autoritarismo do Estado também é um aspecto importante a ser mencionado. Era operacionalizado, de maneira que os critérios de avaliação eram impostos sem possibilidade de diálogo e negociação de metodologias, critérios e participação de todos os envolvidos no processo educacional.

Afonso (2000), faz uma consideração interessante a respeito desse paradigma, mencionando que os professores passaram a ser meros executores de currículos e programas de ensino, delineados sob a lógica de mercado.

Por essa razão, houve um sobreposicionamento das questões positivistas sobre a avaliação diagnóstica (DIAS SOBRINHO, 2000), pois, por considerar questões de mercado, a educação necessitava apresentar resultados quantificáveis e comparáveis.

Como percebemos, a avaliação tradicional é fortemente marcada por questões de medida, de caráter quantitativo, entretanto, esse sistema de avaliação passou a ser questionado na intenção de refletir a respeito do papel que a avaliação educacional desempenha na formação do ser humano.

Nesse questionamento, destacamos os limites dos instrumentos e medidas, a complexidade do fenômeno educativo, que não é tão simples de ser mensurado em testes padronizados e que, na maiorias das vezes, visam classificar e não promover uma reflexão a respeito dos aspectos envolvidos em determinado resultado.

Nesse novo paradigma em construção há espaço para uma visão de processo instrucional, o erro não deve ser mais visto como um aspecto negativo, pelo contrário, ele é visto com um elemento importante no processo ensino-aprendizagem, pois, a partir dele, deve-se pensar em estratégias que permitam superá-lo, dando condições ao aluno e também ao professor de resolver questões relacionadas ao ensino-aprendizagem para que o aluno possa continuar trilhando seu caminho educacional.

Nesse novo paradigma há lugar para uma educação que promova mudanças de comportamento e a observação dessas mudanças pode, sim, ser instrumento de avaliação, outra possibilidade de perceber o progresso do educando.

No questionamento da avaliação tradicional emergem outras possibilidades de avaliar, que não sejam apenas medir, mas exigem criatividade, pensamento crítico e observação, ou seja, uma avaliação que problematiza e renuncia às certezas, mesmo que isso aponte para a desordem, ruptura da ordem tradicional e uma avaliação que perde o caráter de controle e abre espaço para o processo, a experiência.

À avaliação já foi atribuído um papel importante na Educação e, por essa razão, como bem afirmam Sordi & Lüdke (2009), avaliam-se exaustivamente tudo e todos, e esses resultados informam que os alunos não têm aprendido aquilo que as escolas ensinam.

> Então, será que não se avalia demais e se ensina menos?

> Quais são as ações promovidas em função desses resultados?

Esses são questionamentos importantes que nós educadores precisamos fazer, afinal, se quisermos uma avaliação a serviço da Educação, precisamos pensar nos vários componentes e não apenas na avaliação propriamente dita.

Esse paradigma da avaliação em voga tem centrado sua atenção nos alunos, no que foi aprendido e no que se deixou de aprender. Dessa constatação surgem outros questionamentos, como:

> 1 – Qual o papel do professor nos resultados obtidos pela avaliação do aluno?
>
> 2 – Qual o papel da escola e sua organização nos resultados do aluno?
>
> 3 – Qual a contribuição do currículo escolar para que o aluno obtivesse tal resultado?

Todos esses questionamentos e a busca por respostas, em termos de pesquisa, podem alterar profundamente esse cenário educacional.

Esse novo paradigma, que mencionamos e que buscamos delinear, deve contemplar essas questões, entre tantas outras pertinentes, que apontam para desafios para a educação brasileira e, inclusive, para a avaliação educacional.

Glossário – Unidade 1

Avaliação de caráter longitudinal – visa a analisar variáveis de alunos foco de estudo, ao longo de um período de tempo determinado.

Avaliação educacional – refere-se ao planejamento e análise de evidências da aprendizagem para, a partir disso, estudá-las para promover mudanças na forma de ensinar e também na forma de aprender.

Avaliação qualitativa – refere-se à forma de avaliação que busca interpretar, significar e compreender fatos e fenômenos, ou seja, busca significados a partir de algo concreto; seu resultado não é mensurado em termos quantitativos, mas, sim, em termos de significados.

Avaliação quantitativa – refere-se à forma de avaliação que busca medir e quantificar, de maneira altamente controlada, a aprendizagem do aluno ou outros objetos de análise.

Função da avaliação educacional – identificar se os objetivos educacionais estão sendo alcançados, se as questões foram aprendidas, e refletir sobre o porquê de, eventualmente, o ensino não ter sido assimilado.

Neoliberalismo – refere-se a uma vertente do liberalismo que vê na Educação um mecanismo de adequação do ensino à competitividade de mercado, abertura a financiamentos empresariais e pesquisas educacionais com viés prático e utilitário.

Percepção do ensino – assimilação do conteúdo ensinado; discernimento acerca do processo de aprendizagem.

Predileção – preferência; favoritismo.

Psicometria – refere-se a técnicas quantitativas para medir a inteligência e o desempenho humano.

Sequência didática – ações pedagógicas planejadas e com objetivos definidos para a aprendizagem de determinado conteúdo.

UNIDADE 2
AVALIAÇÃO NO PROCESSO ENSINO-APRENDIZAGEM: CONCEITOS

Capítulo 1 Apresentação, 28

Capítulo 2 Avaliação como medida, 28

Capítulo 3 Avaliação classificatória, 31

Capítulo 4 Avaliação como exame, 33

Capítulo 5 Avaliação diagnóstica, 36

Capítulo 6 Avaliação qualitativa, 38

Capítulo 7 Avaliação qualitativa na educação, 38

Capítulo 8 Avaliação enquanto processo, 39

Glossário, 43

1. Apresentação

Na Unidade anterior, apresentamos um resgate histórico a respeito da avaliação educacional e mencionamos aspectos relacionados aos conceitos de avaliação, assumida em determinados momentos históricos.

Embora nosso objetivo, não fosse discorrer a respeito dos conceitos da avaliação educacional, mas, apresentar sua evolução histórica, introduzimos alguns conceitos que serão retomados e discutidos nesta Unidade. Então você, leitor, irá se familiarizar ao retomarmos questões abordadas anteriormente, como: avaliação como medida, avaliação classificatória, avaliação como exame, **avaliação diagnóstica**, **avaliação qualitativa** e **avaliação processual**.

Ao retomarmos essas questões nesta Unidade, o faremos apresentando conceitos, limites e alcances de cada tipo de avaliação mencionado, relacionando com as concepções pedagógicas, pois, como vimos, a avaliação educacional se refere a um processo intencional que se aplica a qualquer prática, inclusive sobre o trabalho do professor desenvolvido com seus alunos, e está sempre relacionada à alguma teoria pedagógica.

A avaliação educacional tem mantido relações com diversas concepções pedagógicas, como a **Pedagogia Tradicional**, a **Pedagogia Tecnicista** e a Pedagogia Progressista e, por isso, assumiu significados diferentes também em relação a sua história.

Isso permite dizer que a concepção de avaliação que se adota está relacionada à prática pedagógica que orienta o currículo, a organização da escola e o próprio trabalho do professor.

Isso justifica a abordagem que daremos a esta Unidade, o que permitirá ao aluno-professor compreender a concepção avaliativa que se adota para avaliar a aprendizagem de seu aluno.

2. Avaliação como medida

A avaliação como medida de verificação, de caráter quantitativo, tem a finalidade de **medir** e classificar. Essa forma de avaliação predominou durante parte do século XIX, alcançando parte do século XX (DIAS SOBRINHO, 2002), embora ainda nos dias atuais esse tipo de avaliação perdure em nosso sistema educacional.

ATENÇÃO! Durante esta Unidade, o aluno perceberá que, embora as concepções de avaliação abordadas estejam referenciadas a determinado momento histórico, elas convivem em um mesmo contexto escolar.

Avaliação educacional como medida

Especialmente nos Estados Unidos, esse tipo de avaliação prosperou, resultando na criação de testes padronizados para medir habilidades e aptidões dos estudantes, desencadeando em uma cultura de testes nos mais diversos contextos educacionais.

Essa forma de avaliação sofreu forte influência da Psicologia, sobretudo, em razão de sua abordagem comportamental e, para Dias Sobrinho (2003), avaliar confundia-se (ainda confunde-se) com medir.

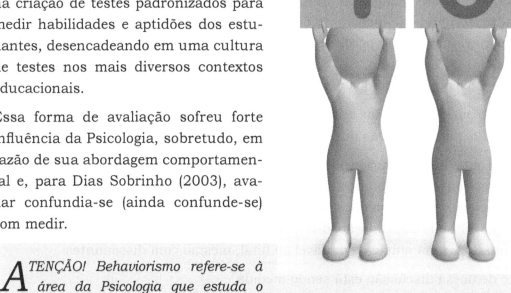

ATENÇÃO! Behaviorismo refere-se à área da Psicologia que estuda o comportamento humano e dos animais, tendo influenciado fortemente a educação.

Essa forma de avaliação resume-se em testes de verificação, mensuração e quantificação de resultados, mantendo uma forte relação com a pedagogia tecnicista.

Pedagogia tecnicista refere-se, então, à uma corrente pedagógica inspirada na racionalidade e objetividade científica, de modo que a educação se tornasse objetiva e operacional e, consequentemente, minimizasse as interferências subjetivas, referindo-se, portanto, a uma forma pedagógica que busca a racionalização dos meios, colocando professor e aluno em segundo plano.

Essa corrente pedagógica de caráter behaviorista influenciou a avaliação educacional como medida.

Enquanto quantificação de resultados, a avaliação educacional como medida é uma forma de avaliar que visa à coleta sistemática de dados, com o objetivo de medir as mudanças de comportamentos do aluno e como elas ocorrem (BLOOM et al., 1975).

Esses objetivos são pré-definidos, sendo a avaliação educacional reduzida à medida e que separa o processo de ensino de seu resultado, ou seja, são considerados questões isoladas.

> Como podemos separar o ensino do resultado da aprendizagem?

O ensino não pode ser visto dissociado da aprendizagem, caso contrário, entre outros fatores, o resultado dessa avaliação não tem funcionalidade prática e educacional.

Como abordado em outro momento deste curso, a função da avaliação é orientar a própria prática educacional. Por prática educacional podemos listar o currículo escolar, a prática pedagógica do professor em sala de aula e os métodos de avaliação, tornando-se incoerente dissociar todos esses aspectos da avaliação. Se isso ocorrer, a avaliação perde sua funcionalidade de (re)orientar a prática, para apenas classificar o aluno. Se há apenas classificação, como pode ser melhorada a instrução e a formação das pessoas?

Esses são questionamentos que devemos fazer ao adotar a avaliação como medida e, portanto, dissociada das questões de ensino.

Não há como desvencilhar avaliação do ensino, não há como pensar em avaliação sem saber com clareza o papel que a educação exerce na vida das pessoas. Tudo deve funcionar como uma orquestra, de maneira que currículo, ensino, filosofia de educação, filosofia de avaliação, disciplinas, tudo isso precisa estar em consonância para produzir uma música agradável ao final, mesmo com dissonantes.

O foco de nossa discussão está sendo medida.

> Então, o que é medir?

Medir é a atribuição de um número a um objeto ou acontecimento, de acordo com um regra estabelecida (HADJI, 2001).

Para Luckesi (2002), medir possui um conceito mais amplo, está relacionado a determinar a extensão, a dimensão, a quantidade, o grau ou a capacidade de um objeto. É uma atribuição de valores de acordo com regras pré-estabelecidas. Esse resultado é sempre apresentado em números e não de forma descritiva, textual.

A avaliação como medida, enquanto número atribuído a alguma atividade pedagógica realizada por alunos, ainda está fortemente enraizada na cultura escolar, seja por parte de professores seja por parte de alunos.

Os professores continuam "medindo" a aprendizagem de seus alunos, atribuindo-lhes notas por atividades realizadas, desempenhos bimestrais, desempenhos semestrais e assim por diante.

Essa cultura da avaliação como medida talvez seja explicada em razão da "suposta" confiabilidade e objetividade que os números representam, pois ao atribuir um número a um fenômeno, ao medir um fenômeno, pode-se aplicar a mesma medida a outro, desconsiderando, então, toda a subjetividade.

A subjetividade na avaliação pode trazer dificuldade para estabelecer parâmetros do que se quer avaliar, de modo que, ao escolher o número como representação de algo que é certo ou errado, talvez seja mais fácil para criar parâmetros e replicar isso a outras situações.

Entretanto, essa atitude toma a nota como verdadeira, como se essa avaliação desse conta de avaliar todos os aspectos necessários para a formação de alguém.

Os professores que trabalham nessa perspectiva também se esquecem de que também se utilizam da subjetividade para atribuição de medidas, conforme afirma Gatti (2003).

Nesse sentido, a avaliação como medida tem característica finalista, ou seja, um fim em si mesma, e a função da avaliação vai muito além disso, ela deve realimentar o processo de ensino e também de aprendizagem.

Essa cultura da avaliação como medida também impacta os alunos, de maneira que, se o professor não lhe atribui uma nota, o aluno considera que não está sendo avaliado e, portanto, não tem a percepção de que está se desenvolvendo a contento.

Em resumo, somente a avaliação como medida não satisfaz o processo de avaliação, de julgamento da aprendizagem dos alunos, em razão de as questões educacionais não serem sempre quantificáveis, embora professores continuem atribuindo valores numéricos a aspectos atitudinais, comportamentais ou às tarefas tipicamente escolares de maneira indiscriminadamente.

3. Avaliação classificatória

Uma das concepções mais tradicionais de avaliação educacional refere-se à avaliação para classificar.

Avaliação educacional classificatória

Para Perrenoud (1999), a avaliação tradicional no contexto escolar está associada à criação de hierarquias e, por isso, os alunos costumam ser comparados e classificados em ordem de excelência.

Para esse autor, há duas lógicas relacionadas à avaliação educacional: a avaliação somativa e a formativa.

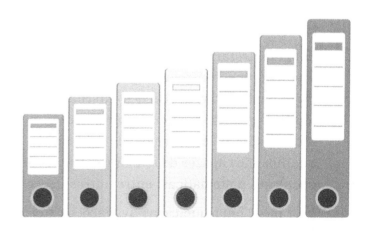

A avaliação somativa é uma forma de avaliar que preza pelo produto, ou seja, pelo resultado da aprendizagem do aluno, e que se materializa em uma nota, que, como vimos, é objeto do desejo tanto de alunos quanto de professores.

Nessa lógica, a avaliação centra-se em questões altamente controladas e, consequentemente, o ensino também passa a ser pautado nesse sentido, como memorização e repetição de informações.

Por essa razão, esse tipo de avaliação empobrece a formação do sujeito, em razão de sua influência na prática pedagógica do professor, que estimula a repetição em detrimento do raciocínio, da análise, dos procedimentos, da comparação, entre outras estratégias que promovem a produção de conhecimento.

Dessa maneira, a avaliação somativa é tipicamente classificatória porque tem por objetivo avaliar o aluno de maneira geral, para medir o grau que o estudante conseguiu alcançar em relação a um objeto de conhecimento durante e ao final de um curso.

A avaliação somativa, classificatória, domina nosso sistema educacional independentemente de seu nível instrucional, o que permite dizer que essa prática ocorre desde a educação infantil até a pós-graduação.

Como exemplo podemos mencionar o modelo de avaliação utilizado em exames para ingresso no Ensino Superior, que, embora tenha esboçado mudanças, mantém fortes traços com a avaliação somativa.

Outro exemplo que pode ser mencionado é o tipo de prova que costuma ser aplicado nas escolas, baseado na pedagogia tradicional, de memorização e repetição de fórmulas e conceitos, sem qualquer interferência e, portanto, não enxergando o aluno como questão central.

Nesse sentido, a escola torna-se um espaço de classificação dos melhores e dos piores, enquanto sua função e seu papel democrático é constituir-se de espaço de aprendizagem para todos.

Por essas razões, a avaliação ganha dimensão política, por exemplo, ao aprovar ou reprovar alguém, colaborando para a dicotomia inclusão x exclusão.

Estamos tratando tanto das avaliações internas, aquelas em que o professor é o sujeito que controla, organiza, formula, corrige e também classifica o aluno, como também das avaliações externas, aquelas organizadas por agentes externos, muitas vezes de caráter governamental, e que também possuem características classificatórias em termos de apresentar quantos alunos são capazes de ler, quantos são capazes de redigir um texto, quantos são capazes de realizar as quatro operações matemáticas, entre outros aspectos avaliativos.

Vale mencionar que essas avaliações externas também influenciam as avaliações internas e, assim sendo, a escola acaba promovendo algumas distorções. Uma delas é "treinar" o aluno para a realização das avaliações externas, haja visto que o desempenho do estudante pode influenciar na classificação da escola e, nesse sentido, o projeto político pedagógico e o currículo escolar deixam de ser o norte da instituição para mirar nos modelos de avaliação externa que são aplicados. Esse "treino" pode ser visto sob a ótica positiva também, no sentido de orientar os alunos a lidar com provas de múltipla escolha, como, por exemplo, preencher gabarito. Entretanto, isso está relacionado a questões de desempenho e não efetivamente de conhecimento.

Outra distorção importante a ser mencionada é o fato de a escola utilizar mais tempo avaliando que ensinando.

Em resumo, essa forma de avaliação deveria promover, por exemplo, políticas a serem desenvolvidas para a correção dos aspectos considerados insuficientes nas avaliações, para a formação inicial e continuada de professores, entre outras abordagens.

A grande questão em debate a respeito da avaliação educacional refere-se aos usos que se faz dela. Então, a avaliação que classifica, que ordena escolas, alunos, sistemas de ensino, professores, entre outras questões, traz consequências negativas, no sentido de que não colabora para a formação, não reorganiza, não reavalia, não realimenta as questões de ensino-aprendizagem, afinal, o foco está em classificar.

Já a outra lógica da avaliação educacional, na visão de Perrenoud (1999), refere-se à **avaliação formativa**, que se preocupa com o processo de apropriação de saberes por parte dos alunos, ou seja, foca os caminhos que o aluno percorre para que ocorra a aprendizagem. Essas questões serão discutidas ainda nesta Unidade, em outras seções.

Percebemos, então, que a avaliação somativa está associada à ideia de classificação, aprovação e reprovação, e é sempre realizada ao final de uma etapa, bimestre ou semestre, dando-nos a dimensão do trabalho realizado (AZZI, 2001). Entretanto, ela precisa ser redimensionada para considerar questões escolares e de inclusão, enquanto espaço de aprendizagem para todos e não apenas para classificar.

4. Avaliação como exame

Examinar para avaliar: esse tipo de avaliação é percebido como equivalente entre **examinar** e avaliar.

Então, o que é examinar?

Examinar é submeter alguém a testes, para verificar o desempenho a partir de situações previamente organizadas. Sendo assim, não é medir a capacidade do sujeito. Na Educação, o uso de exames para medir a avaliação da aprendizagem precisa ser repensado, uma vez que é impossível medir todos os resultados do ensino por meio de testes. Além disso, a função do teste aproxima-se da classificação e não de um diagnóstico.

Essa concepção de avaliação dialoga com a pedagogia tradicional, com ênfase na memorização e repetição de fórmulas e conceitos, sem qualquer interferência do aluno no processo didático.

Luckesi (2003), afirma que essa maneira de avaliar remonta às práticas educacionais em colégios católicos Jesuítas no Brasil.

Os exames e provas escolares atingem seu ápice, de acordo com o autor, com a ascensão da burguesia, que não nasceu em berço esplêndido, mas percebeu o trabalho e os estudos como formas de ascensão social.

Examinar para avaliar na educação

Com a institucionalização da educação, o Estado, então, passou a controlar os processos de certificação, e os exames eram instrumentos utilizados para avaliar a aprendizagem do sujeito.

Ainda hoje, os exames são instrumentos de avaliação nas mais diversas modalidades de ensino, tanto no âmbito público, quanto no privado, idealizados pelas próprias instituições educacionais ou por entidades externas, o que colabora para a cultura da pedagogia do exame.

Luckesi (2003) observa que as instituições de ensino passaram a utilizar a nomenclatura "avaliação da aprendizagem", enquanto o que praticam é exame escolar.

É por essa razão que o autor advoga a predominância da avaliação diagnóstica em contexto de sala de aula, como mecanismo de reorientação da aprendizagem, visto que os exames também têm função classificatória, nos termos discutidos na seção anterior.

Isso significa que examinar tem sua utilidade, como em concursos, que exigem classificação, ou naqueles que exigem certificação; entretanto, em sala de aula, apenas classificar, utilizando-se apenas de exames como mecanismos avaliativos, soa despropositado com a função social da escola.

O que acontece é que as provas/exames são os instrumentos mais utilizados em sala de aula de instituições educacionais de diversos níveis, desde o ensino fundamental até a graduação (MELHEM, 2002), o que demonstra uma visão reducionista sobre a avaliação da aprendizagem.

Esses instrumentos são considerados mecanismos de controle e de dominação usados pelo professor, principalmente no nível básico da educação, de modo que o professor apropria-se desses recursos para impor ordem e disciplina em sala de aula, ou seja, é utilizado como recurso para normalização da conduta e não para percepção da aprendizagem do aluno.

Várias pesquisas foram realizadas em relação a essa questão, ou seja, de que as provas, os exames influenciam negativamente a experiência dos alunos com a avaliação (CAMARGO, 1997; COSTA, 1995).

Os limites desse instrumento podem ser considerados, por exemplo, como a escolha aleatória dos conteúdos a serem contemplados na avaliação, o que, muitas vezes, pode coincidir com aqueles que o aluno, por diversas razões, não assimilou direito, como a desconsideração, por parte do professor, examinador, do processo de raciocínio do aluno, entre outros aspectos.

Os exames dissertativos permitem uma improvisação maior por parte do aluno, embora o retorno que ele obtém do professor está muito centrado, ainda, no certo e errado, além do fato de que muitos professores ainda exigem que a resposta seja idêntica ao texto ou à que o livro didático aponta, por exemplo.

Os exames escritos, com questões de múltiplas escolhas, privilegiam uma única resposta correta, desconsiderando todo o raciocínio do aluno na elaboração da resposta e, portanto, limita quanto ao debate, análise, explicações, entre outros fatores.

Então, podemos dizer que exames escritos com questões dissertativas são apropriados para verificar a profundidade do conhecimento, que o aluno dispõe a respeito de determinado objeto de ensino, embora sejam limitados para cobrir grande extensão de conteúdos a serem avaliados, o que difere dos exames escritos, com questões de múltiplas escolhas, já que são adequados para cobrir grande extensão de conteúdos, embora estejam associados à memorização de conceitos e fórmulas, por exemplo.

Respostas dissertativas podem gerar dúvidas nos alunos em razão da subjetividade do professor no momento de correção, visto que não há apenas uma resposta correta, considerando a diversidade de cada aluno. Por outro lado, as respostas de múltipla escolha não geram esse tipo de dúvida em razão de sua alta objetividade, ou seja, só há apenas uma resposta correta. Ainda em relação a essa modalidade, há de se considerar que o aluno também pode acertar a questão por sorte na escolha e não necessariamente por saber a resposta correta.

Os exames orais permitem possibilidades amplas de avaliação, além do conteúdo específico que se quer avaliar, como habilidades de expressão oral, raciocínio lógico, coerência, julgamento de valor, entre outras questões, embora essa modalidade seja ainda preterida em relação ao exame escrito.

Novamente, o questionamento que fazemos em relação a essa modalidade de avaliação educacional como exame recai sobre os usos que se pode fazer desses resultados.

É necessário que o professor tenha consciência dos limites e alcances desses instrumentos, conheça para quais situações são mais adequados e como elaborá-los, o que significa que precisa haver uma ressignificação das formas de avaliar, pois, assim, eles serviriam para melhorar a formação de nossos alunos e não apenas classificá-los.

5. Avaliação diagnóstica

A partir do final dos anos de 1980 houve um movimento em torno da ressignificação da avaliação educacional para que novos olhares, concepções e formas de avaliação rompessem com a lógica da avaliação como medida, com a cultura da pedagogia dos exames e provas e com a avaliação classificatória.

Nesse contexto, a avaliação diagnóstica surge como mais uma possibilidade de avaliação educacional, não com um fim em si mesma, mas com a função de contribuir para a orientação do processo ensino-aprendizagem, isto é, para que seus resultados possibilitem novas intervenções no ensino e, consequentemente, na aprendizagem.

Avaliação diagnóstica na educação

Entretanto, ao mesmo tempo que esse debate propiciou uma nova forma de avaliar, na contramão surgem sistemas de avaliações externas, que intensificam a avaliação classificatória, discutida ao longo desta Unidade.

Avaliações como Saeb, Enem e Enade, apenas para citar algumas (veja na Unidade 1 outras avaliações externas), têm contribuído pelo enraizamento da cultura de exames por meio de testes que avaliam e classificam.

Essa sistemática deixa de cumprir com a função básica da avaliação, que é (re)orientar a própria prática, de modo que o erro do aluno nesse sistema de avaliação não é objeto de reflexão, pois não há uma recondução do objeto de ensino, de modo que haja aprendizagem satisfatória, pelo contrário, o foco recai sobre o produto, o resultado do exame que serve para compor as estatísticas e as classificações escolares.

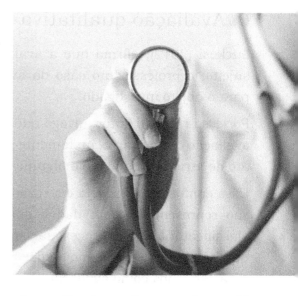

A avaliação diagnóstica pressupõe relativa autonomia ao professor, pois é ele quem ensina e avalia de acordo com o que foi ensinado, elabora os instrumentos de avaliação, aplica, corrige e dá *feedback*, quanto ao desempenho dos alunos, ao contrário do que ocorre com as avaliações externas em larga escala.

> Afinal, o que é avaliação diagnóstica?

Refere-se a uma das possibilidades de avaliação da aprendizagem que o professor utiliza para diagnosticar o nível de conhecimento dos alunos sobre determinado tema, objeto de ensino-aprendizagem, os pontos fortes e aqueles que precisam de intervenção pedagógica (LUCKESI, 2002).

Essa avaliação deve ser aplicada antes de qualquer intervenção por parte do professor, e ao final, após as intervenções pedagógicas realizadas pelo docente. Então, deve-se comparar a avaliação inicial e a final no sentido de verificar se houve aprendizagem e se o aluno atingiu os objetivos elencados pelo professor.

A **função da avaliação diagnóstica** é identificar aspectos que precisam de intervenção, com característica auxiliar e não classificatória da aprendizagem, para identificar os melhores e os piores, aprovar e reprovar.

Esses aspectos podem ser sobre metodologias de ensino colocadas em práticas pelo professor na sala de aula, sobre o material didático utilizado como instrumento de ensino-aprendizagem, sobre a relevância e eficiência do currículo escolar, da aprendizagem do aluno, entre outras variáveis.

Precisa ficar claro sobre a avaliação diagnóstica o fato de que esse diagnóstico não é apenas sobre questões relacionadas ao aluno, mas, inclusive, de questões que estão relacionadas com o processo ensino-aprendizagem, na intenção de corrigir percursos percorridos pelos sujeitos envolvidos nesse processo.

6. Avaliação qualitativa

Luckesi (2012), afirma que a avaliação em si já é um ato qualitativo, já que o sujeito, o professor, no caso da avaliação educacional busca atribuir qualidade para o objeto investigado.

Por essa razão, o autor advoga que não existe avaliação qualitativa em oposição à avaliação quantitativa, justamente pelo fato de considerar que toda avaliação é um ato de atribuir qualidade a alguma coisa.

Essa confusão talvez seja em razão do modo pelo qual os resultados da avaliação são representados: em dados quantitativos, vistos como medida e, portanto, classificatória e não processual, muitas vezes com fim em si mesma; em dados qualitativos, vistos como reflexões sobre causas e efeitos dos resultados, caracterizados como avaliação formativa, diagnóstica e processual.

Ao longo desta Unidade, apontamos a predominância de aspectos de medida e classificação na avaliação educacional da aprendizagem, contribuindo para compor dados estatísticos a respeito do universo educacional brasileiro, promover a classificação de instituições de ensinos, entre outras consequências.

Esse cenário, então, aponta uma supremacia dos métodos quantitativos sobre os qualitativos na avaliação da aprendizagem.

7. Avaliação qualitativa na educação

> Todavia, qual o papel reservado para a avaliação qualitativa da aprendizagem?

Para respondermos a esse questionamento, gostaríamos de apresentar duas citações de dois grandes pensadores:

> "Os números governam o mundo".
> Platão

> "Os números não exprimem sentimentos".
> René-Descartes

Se pensarmos na avaliação educacional sob o prisma da citação de Platão, podemos concluir que a avaliação é sinônimo de medida, de teste, representada em números estatísticos que visam a classificar. Dessa maneira, perguntamos: os números governam o mundo no campo educacional? Eles exprimem sentidos, significados, explicações, causas, efeitos sobre determinado resultado?

Se pensarmos na avaliação educacional sob o prisma da citação de Descartes, podemos concluir que os números não são suficientes para representar algo, visto que são frios e desprovidos de sentidos, possibilidades significativas subjetividade.

Como enfatizado ao longo desta Unidade, não é tudo que pode ser quantificado na Educação.

Nesse sentido, a avaliação qualitativa é essencial por somar e fornecer reflexões sobre os resultados da avaliação, de maneira que possa (re)orientar as ações pedagógicas com vistas à eficiência da aprendizagem do aluno.

Isso significa que essas reflexões qualitativas devem permear o cotidiano do professor na prática de sala de aula, buscando explicações para fatos e fenômenos que ocorrem nesse ambiente e que, como dissemos, muitas vezes não são passíveis de quantificação, de mensuração.

A própria Lei de Diretrizes e Bases da Educação (LDB) nº 9.394/96, em sua abordagem sobre a avaliação educacional, registra que os aspectos qualitativos devem sobressair-se sobre os quantitativos, embora, na prática, como temos acompanhado ao longo de nossa discussão, o que ocorre é justamente o contrário.

Essa diretriz deixa consignado, ainda, que o professor deve privilegiar registros de acompanhamento do aluno, observação diagnóstica, isto é, instrumentos que apontam para um desenvolvimento processual e formativo de percurso, de experiência, em detrimento de avaliações finalistas, ou seja, com um fim em si mesma, representada por uma nota classificatória.

A avaliação educacional por si só não resolve nenhum tipo de problema, pois ela é apenas um meio de investigar a qualidade da aprendizagem dos alunos. São os professores e os agentes, a partir de reflexões sobre os resultados dessas avaliações, que inovam criando soluções para as dificuldades de aprendizagem apresentadas pelos seus alunos.

8. Avaliação enquanto processo

A avaliação educacional sob essa ótica tem como função acompanhar o processo de aprendizagem dos alunos, oferecendo informações importantes sobre o desenvolvimento dos estudantes, e também reorientar as questões que envolvem ensino-aprendizagem.

A avaliação enquanto processo está preocupada com os percursos desenvolvidos pelo professor e aluno, de modo que possa (re)orientar essas questões com planejamento ou replanejamento contínuo da atuação desses sujeitos.

Avaliação educacional processual

Esse tipo de avaliação é contínua, está integrada ao ensino e não visa ser autoritária, pelo contrário, o professor pode utilizar-se de vários instrumentos para compor um *portfólio* sobre o desenvolvimento dos alunos e não necessariamente basear-se em provas e exames.

Outras alternativas mais democráticas servem para esse fim, como observação sistemática do desempenho do aluno em sala de aula, seus posicionamentos quanto ao objeto de ensino, interação com outros alunos, o que pode ser materializado em relatório ou mesmo em anotações sistemáticas sobre o cotidiano em sala de aula.

O professor também pode incentivar a autoavaliação dos alunos. É importante que eles sejam orientados a ter uma autopercepção de seu desempenho escolar.

É importante, também, que o professor planeje atividades diversificadas, que possibilitem a avaliação do processo de aquisição de saberes. Trabalhos em grupo, em dupla, individuais e escritos, exposições orais, apresentação de pôsteres, seminários e dramatizações, entre outras possibilidades, são formas que podem ser utilizadas, pois promovem o desenvolvimento de conhecimento, de habilidades e atitudes, embora as provas sejam ainda as mais utilizadas e com peso maior que outras atividades aqui mencionadas.

É consensual na literatura sobre avaliação educacional que o professor faça uso de uma grande variedade de formas de avaliação no transcorrer das aulas para que esses instrumentos possam dar ao professor informações constantes e contínuas sobre o progresso dos alunos.

Isso, então, permite ao professor redirecionar seus objetivos de aprendizagem, alterar ou inserir outras formas de ensino, (re)orientar o aluno em relação a estratégias de estudos, entre outras possibilidades.

Ângelo & Cross (1993) caracterizam a avaliação processual da seguinte forma:

Característica	Definição
Centrada em quem aprende	Foco no aluno, com observação contínua de seu desempenho
Mutuamente benéfica	Fornecimento de informações que avaliam tanto o aluno quanto o professor
Formativa	Centrada na aprendizagem contínua dos alunos
De contexto específico	Flexível e adaptável a variáveis diversas, seja em relação ao aluno ou ao professor
Constante andamento	Processual, com um ciclo de informações a respeito do aluno e também do professor
Com raízes em boas práticas de ensino	Diálogo constante entre avaliação e ensino

> Então, o que é uma avaliação processual contínua?

A avaliação processual é uma avaliação contínua e cumulativa, que o professor planeja, elabora, aplica, analisa e apresenta seus resultados. Esses resultados devem ser capazes de fornecer informações suficientes sobre o desempenho dos alunos e também em relação ao trabalho do próprio professor, portanto, esse diálogo deve ser constante e cumulativo durante todo o trabalho em sala de aula.

Como mencionamos, é importante que o professor utilize de vários instrumentos de avaliação para que o aluno seja capaz de demonstrar seu desenvolvimento de várias maneiras, não apenas em provas e exames, pois o trabalho na perspectiva apresentada nesta seção está afinado com a pedagogia progressista e o papel que a escola desempenha na sociedade, isto é, como espaço democrático de aprendizagem, para todos, sem discriminação ou classificação dos melhores e piores, sem ações que promovam a equidade dessas questões.

Ao longo desta Unidade, discutimos diversas concepções de avaliação, seus conceitos, suas relações com correntes pedagógicas, seus limites e implicações de uso, enfatizando, como desejo, a avaliação formativa, embora, na prática, sabemos que a somativa prevalece nos ambientes de ensino-aprendizagem.

Esperamos que toda essa discussão tenha promovido reflexões importantes para que você, leitor, possa (re)orientar sua prática em relação às questões aqui discutidas, com vistas a romper com uma cultura de avaliação tradicional e classificatória, que traz consequências sérias para o ambiente escolar e também para a formação de nossos educandos.

Glossário – Unidade 2

Avaliação diagnóstica – uma das possibilidades de avaliação da aprendizagem que o professor utiliza para diagnosticar o nível de conhecimento dos alunos sobre determinado tema, objeto de ensino-aprendizagem, pontos fortes e aqueles que precisam de intervenção pedagógica.

Avaliação formativa – forma de avaliação que se preocupa com o processo de apropriação de saberes, por parte dos alunos, ou seja, foca os caminhos que o aluno percorre para que ocorra a aprendizagem.

Avaliação para classificar – forma tradicional de avaliação, desenvolvida no contexto escolar e associada à criação de hierarquias e, por isso, os alunos costumam ser comparados e classificados em ordem de excelência.

Avaliação processual – avaliação contínua e cumulativa que o professor planeja, elabora, aplica, analisa e apresenta seus resultados, de modo a fornecer informações suficientes sobre o desempenho dos alunos e também em relação ao trabalho do próprio professor, portanto, esse diálogo deve ser constante e cumulativo durante todo o trabalho em sala de aula.

Avaliação qualitativa – estratégia de análise de dados coletados nas avaliações educacionais que fornecem reflexões sobre os resultados da avaliação, de maneira que possa (re)orientar as ações pedagógicas com vistas à eficiência da aprendizagem do aluno.

Avaliação somativa – forma de avaliar que preza pelo produto, ou seja, pelo resultado da aprendizagem do aluno, e que se materializa em uma nota considerada objeto do desejo tanto de alunos quanto de professores.

Examinar – submeter alguém a testes para verificar o desempenho a partir de situações previamente organizadas.

Função da avaliação diagnóstica – identificar aspectos que precisam de intervenção com característica auxiliar e não classificatória da aprendizagem para identificar os melhores e os piores, aprovar e reprovar.

Medir – atribuição de um número a um objeto ou acontecimento, de acordo com a regra estabelecida.

Pedagogia tecnicista – corrente pedagógica inspirada na racionalidade e objetividade científica, tornando a educação objetiva e operacional e, consequentemente, minimizando as interferências subjetivas. Portanto, refere-se a uma forma pedagógica que busca a racionalização dos meios, colocando professor e aluno em segundo plano.

Pedagogia tradicional – concepção pedagógica baseada na memorização e repetição de fórmulas e conceitos sem qualquer interferência e, portanto, sem considerar o aluno como questão central.

UNIDADE 3
AVALIAÇÃO NO PROCESSO ENSINO-APRENDIZAGEM: OBJETIVOS

Capítulo 1 Introdução, 46

Capítulo 2 Avaliação educacional baseada em objetivos, 46

Capítulo 3 Avaliação e objetivos de aprendizagem, 48

Capítulo 4 Avaliação educacional na educação infantil, 49

Capítulo 5 Educação Infantil, 49

Capítulo 6 Avaliação educacional na educação fundamental, 52

Capítulo 7 Avaliação educacional no Ensino Médio, 57

Capítulo 8 Avaliação educacional no Ensino Superior, 59

Capítulo 9 Avaliação na educação corporativa, 61

Glossário, 64

1. Introdução

Como mencionamos na Unidade anterior, a avaliação educacional refere-se a um processo intencional que se aplica a qualquer prática, inclusive à educação, e também que existe uma relação muito próxima entre ensino e avaliação, afinal, avaliação é o meio pelo qual podemos perceber se o que foi planejado para o ensino foi aprendido.

Partindo desse princípio, podemos pensar, então, que a avaliação está relacionada a objetivos de ensino-aprendizagem.

Inicialmente, podemos pensar em macro objetivos, por exemplo, aqueles estipulados para cada etapa da vida escolar.

Pensemos nas etapas do ensino brasileiro: quais são os macro objetivos da Educação Infantil? Quais são os macro objetivos dos ciclos do Ensino Fundamental? Quais são os macro objetivos para o Ensino Médio? Quais são os macro objetivos para o ensino superior? Mas, e a educação corporativa, também pode ser associada a objetivos e avaliação?

Além dos macro objetivos, também, há os objetivos específicos de cada componente curricular que integra um projeto pedagógico.

Avaliar, sob essa perspectiva e independentemente do nível educacional em que se atua, refere-se a determinar em que medida o que foi programado para o ensino realmente está sendo alcançado, isto é, se os objetivos estão sendo atingidos.

Essas são questões que serão tratadas nesta Unidade. Nessa abordagem, traremos conceitos e reflexões sobre a avaliação, baseada em objetivos de ensino-aprendizagem, relacionada com as etapas da educação brasileira e também sobre a educação corporativa.

2. Avaliação educacional baseada em objetivos

Nas aulas de didática e metodologia de ensino, uma das primeiras atividades que o professor aprende (ou deveria) é elaborar um plano de aula.

Basicamente, o plano de aula deve ser composto pelos seguintes elementos:

Objetivos: determinam os resultados que se pretende atingir. Eles podem ser gerais ou específicos.

O objetivo geral expressa metas mais gerais a serem alcançadas e está relacionado ao conteúdo e procedimentos. Considere, por exemplo, uma aula de linguagem, cujo objetivo geral pode ser compreensão de textos instrucionais.

Os objetivos específicos expressam resultados observáveis, alcançáveis, e devem estar relacionados ao objetivo geral. O professor pode delimitar apenas um ou alguns objetivos específico, e deve atentar-se para que eles estejam relacionados. Por exemplo, a partir do objetivo geral mencionado anteriormente, poderíamos definir como objetivos específicos (1) compreender bula de remédio e (2) compreender a organização geral desse texto. Lembrem-se de que os objetivos são sempre iniciados com um verbo no infinitivo, como por exemplo, compreender, analisar, comparar etc.

A definição dos objetivos precisa ser pensada sob três aspectos: no nível do conhecer, aplicar e solucionar problemas.

O professor precisa ser cauteloso quanto à definição dos objetivos, de modo que eles sejam alcançáveis, mas que também não sejam fáceis demais, afinal, o conteúdo precisa ser desafiador e trazer um grau de dificuldade para o aluno, com vistas ao desenvolvimento de capacidades superiores.

Conteúdos: práticas sociais tomadas como objeto de ensino-aprendizagem. Essas práticas precisam ser relevantes e significativas para o aluno. Além disso, os conteúdos precisam prever atividades práticas, de vivência em relação ao que se aprende.

Os conteúdos são um conjunto de habilidades, hábitos, atitudes, e comportamentos organizados e sistematizados.

Justificativas: argumentos que explicam a necessidade e relevância dos objetivos educacionais e também dos conteúdos a serem ensinados.

Métodos: conjunto de ações, passos e procedimentos, planejados e orientados, para atingir os objetivos; é o meio pelo qual se alcança os objetivos elencados no plano de aula ou, ainda, podemos dizer que método corresponde à sequência de ações do professor e do aluno.

É importante destacar que cada área do conhecimento humano desenvolve métodos próprios e às vezes compartilhados para o ensino-aprendizagem de determinados objetos de ensino. Por isso, é importante o professor atentar-se para essas questões. Por exemplo, o ensino de matemática tem metodologias particulares, assim como o ensino de língua portuguesa como língua materna.

Libâneo (1999), afirma que há uma relação entre objetivo, conteúdo e método, de maneira que o conteúdo determina o método em razão da interdependência com o objetivo e, portanto, essa relação constitui-se como a base do processo didático.

Recursos didáticos: recursos físicos presentes no ambiente de ensino-aprendizagem que estimulam e funcionam como instrumento tanto para o ensino quanto para a aprendizagem. Podem ser recursos didáticos: livros, cds, lousas, giz e equipamentos como computador, projetor, televisão, entre tantos outros.

Tempo: nessa organização didática, a administração do tempo é fator importante, no sentido de haver um planejamento da duração de cada etapa de ensino-aprendizagem.

Avaliação: é uma ação pedagógica que visa à percepção de domínio, pelos alunos, em relação a um objetivo de ensino específico. A partir da avaliação, o professor também pode ter a percepção sobre os métodos e estratégias utilizadas. O resultado da avaliação deve servir para reflexão sobre a ação pedagógica e (re)direcionar o trabalho em sala de aula.

A partir da explicação dos conteúdos de um plano de aula acima apresentada, podemos perceber a estreita relação entre objetivos e avaliação, haja vista que os objetivos determinam os resultados que se pretende atingir, logo, para saber se os resultados foram atingidos, é necessário aplicar uma avaliação.

3. Avaliação e objetivos de aprendizagem

Desse modo, para haver legitimidade e coerência da avaliação, ela precisa ser realizada em função dos objetivos estipulados para os conteúdos selecionados para o ensino-aprendizagem.

Caso não haja essa relação, o professor poderá coletar dados isolados e de pouco valor para averiguar se os objetivos foram plenamente atingidos ou, ainda, em que nível eles foram alcançados.

Dito de outra maneira, o ponto inicial de toda avaliação é a delimitação dos objetivos de aprendizagem, pois são esses objetivos que vão nortear todas as ações pedagógicas com a finalidade de instrução, portanto, de aprendizagem.

Vale ressaltar que o processo psicológico do aluno não é possível ser medido, o que é verificável são comportamentos demonstrados pelo aluno e observáveis pelo professor, que permitem deduzir se houve ou não a aprendizagem.

Complementamos nosso ponto de vista com a afirmativa de Tyler (1976), pois a avaliação está relacionada à obtenção de evidências sobre mudanças de comportamento dos educandos, o que permite concluir que ao avaliarmos nossos alunos o que praticamos é a verificação de comportamentos observáveis que indicam ou não a aprendizagem.

Esclarecida essa questão da relação entre avaliação e objetivos de aprendizagem, passemos então a analisar a avaliação em relação à cada etapa de ensino, conforme nossa proposta na apresentação desta Unidade.

4. Avaliação educacional na educação infantil

A Educação Infantil, até pouco tempo, era vista como um espaço de guarda, de cuidados, mas que vem incorporando a essa visão as atividades educativas, sobretudo influenciada pela intensificação do processo de urbanização nas últimas décadas, além disso, a própria sociedade vem desenvolvendo uma consciência da importância de experiências ainda nessa fase inicial da criança (BRASIL, 1998).

Nesse contexto, foi preciso modificar a concepção assistencialista, inicialmente concebida às creches e pré-escolas, assumir especificações da educação infantil e rever concepções sobre a infância, quebrando paradigmas como o de abrigo de criança para a mãe trabalhar ou, ainda, o de formação para o Ensino Fundamental.

5. Educação Infantil

Em razão desses e outros fatores, criou-se uma legislação que trata dessa etapa educacional na nossa sociedade, como a Lei de Diretrizes e Bases da Educação Nacional (BRASIL, 1996), o Referencial Curricular Nacional para a Educação Infantil (BRASIL, 1998), além da própria Constituição Federal (BRASIL, 1988) que, em geral, apresentam como objetivo básico da educação infantil o desenvolvimento integral da criança até os 6 anos de idade.

De acordo com o Referencial Curricular Nacional para a Educação Infantil (BRASIL, 1998), as ações pedagógicas desenvolvidas nessa etapa educacional devem estar embasadas nos seguintes princípios:

- Respeito à dignidade e aos direitos da criança, considerando suas diferenças de qualquer natureza.
- Direito ao brincar como forma de expressão e comunicação.
- Acesso a bens socioculturais disponíveis, ampliando o desenvolvimento de suas capacidades.
- Socialização da criança por meio de participação nas mais diversas práticas sociais.
- Atendimento aos cuidados essenciais para a sobrevivência e desenvolvimento da identidade.

Para colocar esses princípios em prática, o professor que trabalha nessa fase educacional precisa considerar os aspectos físicos, emocionais, afetivos, cognitivos e sociais da criança, tendo em vista que estamos tratando de um sujeito social.

Desenvolvendo múltiplas capacidades na educação infantil

As ações pedagógicas que se desencadeiam dentro do contexto aqui descrito são polêmicas, primeiro em razão de enfatizar um aspecto em detrimento de outros; segundo porque há uma confusão entre cuidar e educar, ao passo que a elaboração de propostas pedagógicas para essa etapa educacional deve contemplar concepções sobre criança, cuidar, educar e aprender (BRASIL, 1998), sobretudo, que o cuidar e educar sejam abordados de maneira integrada. Portanto, podemos perceber que essa polêmica pode influenciar na questão da avaliação educacional.

Educar, na educação infantil, significa proporcionar situações de cuidados, brincadeiras e aprendizagens orientadas pelo professor, de forma integrada e que contribuam para o desenvolvimento das capacidades da criança.

Esse educar de que falamos está organizado em dois eixos: de 0 a 3 anos de idade e de 4 a 6 anos. As experiências colocadas em práticas pelos professores consideram dois aspectos: (1) formação pessoal e social e (2) conhecimento de mundo. Nesse cenário, os seguintes eixos de trabalho são considerados: identidade e autonomia, movimento, artes visuais, música, linguagem oral e escrita, natureza e sociedade e Matemática (BRASIL, 1998).

Associado a todas essas questões relacionadas à educação infantil, ainda há de considerar o perfil do professor que atua com esse público.

De acordo com Brasil (2009), a formação de professores que atuam na creche e pré-escola é composta da seguinte maneira:

Nível de escolaridade dos professores que atuam em creches e pré-escolas

Etapa de Ensino	Total de professores	Nível de escolaridade dos professores									
		Funda-mental	%	Médio	%	Magis-tério	%	Licen-ciatura	%	Sem Licen-ciatura	%
Creche	95.643	2.896	0,86	9.465	2,81	43.027	12,79	35.570	10,58	4.685	1,39
Pré-escola	240.543	3.239	0,96	14.837	4,41	99.435	29,57	109.556	32,58	13.476	4,00
Total	336.186	6.135	1,82	24.302	7,22	142.462	42,36	145.126	43,16	18.161	5,39

Ao analisarmos o quadro anterior, em relação ao nível de formação dos professores que atuam na fase educacional, objeto de nossa reflexão nesta seção, podemos perceber que, provavelmente, a polêmica que anunciamos em relação às ações pedagógicas desenvolvidas com esses educandos esteja relacionada à formação inadequada desses profissionais.

Se observarmos que apenas 43,16% desses profissionais possuem licenciatura e que desse total de licenciados apenas 10,58% atuam nas creches e 32,58% atuam na pré-escola, é um número muito baixo diante do nosso cenário educacional dessa fase tão importante de formação do sujeito, que influenciará todas as outras etapas educacionais.

Além disso, é importante ressaltar que quase 10% do total desses profissionais possuem formação apenas em nível fundamental e médio.

Diante dessa complexidade, é clara a questão dos objetivos educacionais elencados para essa etapa educacional, considerando que as situações didáticas devem ser planejadas e orientadas com objetivo de promover aprendizagem específica.

Você, leitor, deve estar se perguntando:

> Mas, afinal, como é que se avalia a aprendizagem na Educação Infantil?

Inicialmente, vamos responder essa questão com outra pergunta: é adequado promover uma avaliação somativa e classificatória? Devemos lembrar que a avaliação classificatória é aquela cujo foco recai sobre o produto, o resultado produzido pelo aluno e não o seu processo contínuo de aprender.

Nessa etapa educacional, como expusemos nesta seção, o foco está centrado no desenvolvimento integral da criança e não em classificá-la entre aquelas que sabem e não sabem utilizar com desenvoltura e criatividade seus aspectos físicos, emocionais, afetivos, cognitivos e sociais.

Por outro lado, a **avaliação formativa** preocupa-se com o processo de apropriação de saberes por parte dos alunos, ou seja, o foco está nos caminhos que o aluno percorre para que ocorra a aprendizagem, o que está muito afinado com tudo o que dissemos a respeito da educação infantil.

Então, instrumentos como *portfólios* e registros de acompanhamento, obtidos por meio de observação, de avaliações contínuas, de maneira não eventual circunscrita a determinados episódios escolares, mas da prática cotidiana, permanente, são instrumentos que possibilitam ao professor que atua na Educação Infantil avaliar seus alunos, consciente dos objetivos educacionais de cada atividade proposta, afinal, como mencionamos, uma avaliação só é coerente se está afinada com os objetivos de ensino-aprendizagem, caso contrário, cria-se um descompasso entre aquilo que pretendeu ensinar e o que foi demonstrado como o que se aprendeu.

A partir da avaliação nessa perspectiva, é possível o professor ter subsídios para (re)orientar seu trabalho para o alcance dos objetivos almejados e, consequentemente, favorecer o desenvolvimento das crianças e ampliar seus conhecimentos.

Essa questão da avaliação formativa na Educação Infantil é algo bastante recente e está em processo de construção, pois, talvez em razão do perfil do educador que atua nesse segmento educacional, muitos profissionais acreditam que avaliar nessa etapa de ensino é verificar a possibilidade de cada criança se enquadrar em determinados formatos.

6. Avaliação educacional na educação fundamental

O Ensino Fundamental está dividido em duas etapas: a etapa inicial, correspondente ao período do 1º ao 5º ano e a etapa final, correspondente ao período do 6º ao 9º ano.

Por questões didáticas, vamos tratar nesta seção dessas duas etapas distintas da educação fundamental, analisando-as separadamente e focando na avaliação educacional.

Educação fundamental

Começaremos pela etapa inicial da educação fundamental.

A princípio, é importante considerar que os Parâmetros Curriculares Nacionais (BRASIL, 1997), consideram a avaliação da aprendizagem como um elemento importante, capaz de promover melhorias na qualidade da educação brasileira e não como uma arma contra o aluno, ou seja, como medida de classificação e controle; é um instrumento que deve fazer parte do cotidiano dessa etapa educacional para que os objetivos propostos sejam atingidos e que a avaliação seja algo que considere aspectos tanto do aluno quanto do professor e do próprio sistema educacional.

É importante destacar da passagem anteriormente citada, a questão dos objetivos de ensino-aprendizagem.

Então, para tratarmos da avaliação, primeiramente, vamos conhecer quais são os objetivos formulados para os anos iniciais da educação fundamental.

De acordo com Brasil (1997), os objetivos gerais para os anos iniciais da educação fundamental são de desenvolvimento de capacidades de ordem cognitiva, física, afetiva, de relação interpessoal e inserção social, ética e estética, tendo em vista uma formação ampla do sujeito, assegurando-lhe o acesso ao conhecimento e aos elementos da cultura indispensáveis para a vida social.

A partir desses objetivos, outros mais específicos foram criados, como:
- utilizar diferentes linguagens como a verbal, a matemática, a gráfica, a plástica e a corporal como meio de expressar e comunicar ideias, interpretar e usufruir das produções da cultura;
- identificar em situações práticas do cotidiano que muitas informações são organizadas e apresentadas em tabelas e gráficos, para facilitar a compreensão e a interpretação e construir formas pessoais de registro, para comunicar informações coletadas.

Em resumo, nessa etapa educacional, os objetivos são pautados na alfabetização e letramento e no desenvolvimento de diversas formas de comunicação, com destaque para o pleno domínio da leitura, da escrita e do cálculo (BRASIL, 1996).

Nesse cenário educacional, a avaliação diagnóstica, com função de verificar no início de uma etapa de estudos o que o aluno sabe e o que não sabe, é uma ferramenta bastante eficaz e apropriada, uma vez que, com base nessa abordagem, o professor pode estruturar suas ações pedagógicas, definindo quais conteúdos devem ser abordados e com que profundidade. De outro modo, a avaliação diagnóstica permite ao professor identificar as necessidades de aprendizagem do aluno e, então, programar atividades pedagógicas que visem atingir tais objetivos.

Vale considerar que o fato de o aluno passar de uma etapa ou de uma série para outra não significa que o professor dispõe de informações suficientes sobre suas necessidades de aprendizagem.

Instrumentos como *portfólios*, *check-lists*, questionários, roteiros, testes, provas, entrevistas, entre outros, cumprem bem a função de diagnosticar necessidades de aprendizagem. O professor deve escolher o instrumento mais adequado para avaliar se determinado objetivo de ensino-aprendizagem foi alcançado tanto pelo professor quanto pelo aluno.

É evidente que as avaliações diagnósticas precisam estar afinadas com os objetivos da etapa educacional e com os conteúdos adequados para essa fase de instrução do aluno, caso contrário, o professor pode coletar dados que não reflitam a realidade. Por exemplo, é fundamental o professor conhecer quais são os objetivos de aprendizagem de Língua Portuguesa para o 2º ano do Ensino Fundamental e, então, elaborar uma prova diagnóstica que busca conhecer o domínio do aluno em relação a tais conteúdos.

Como outro exemplo, imaginemos que no 1º ano do Ensino Fundamental o aluno deve ser capaz de distinguir letras e números, a segmentação das palavras ou reconhecer determinado gênero de texto. A avaliação diagnóstica deve ser construída com foco nesses objetivos, ou seja, diagnosticar esses conhecimentos nos alunos.

Além dessa abordagem, a avaliação contínua e processual também é bastante adequada, uma vez que traz subsídios imediatos sobre questões que estão em desenvolvimento em sala de aula, o que permite que o professor (re)oriente suas ações pedagógicas para que os objetivos de aprendizagem formulados sejam atingidos e não comprometam futuramente o desenvolvimento de outras questões.

Análoga à avaliação diagnóstica, a avaliação processual também precisa estar afinada com os objetivos estabelecidos pela etapa educacional que se avalia, por exemplo, alunos do 1º ano do Ensino Fundamental, e alinhados com os objetivos específicos de cada conteúdo posto em movimento em sala de aula.

Quanto à etapa final do Ensino Fundamental, inicialmente cumpre apresentar uma diferença significativa em relação aos anos iniciais: trata-se da divisão dos conteúdos em disciplinas ministradas por professores diferentes, o que é facilmente possível, em um mesmo dia, os alunos terem aulas com três professores distintos.

Os Parâmetros Curriculares Nacionais (BRASIL, 1998) apresentam os seguintes objetivos para a etapa final da educação fundamental:

- Compreender a cidadania como participação social e política.
- Posicionar-se de maneira crítica, responsável e construtiva nas diferentes situações sociais.
- Conhecer características fundamentais do Brasil nas dimensões sociais, culturais e materiais.
- Conhecer e valorizar a pluralidade do patrimônio sociocultural brasileiro, bem como aspectos socioculturais de outros povos e nações.
- Perceber-se integralmente dependente e agente transformador do ambiente.
- Desenvolver conhecimento ajustado de si e o sentimento de confiança em suas capacidades afetivas, físicas, cognitivas, éticas, estéticas, de inter-relação pessoal e de inserção social.
- Conhecer e cuidar do próprio corpo.
- Utilizar as diferentes linguagens – verbal, musical, matemática, gráfica, plástica e corporal como meio de comunicação e expressão.
- Saber utilizar diferentes fontes de informação e recursos tecnológicos.
- Questionar a realidade formulando e solucionando problemas, utilizando-se do pensamento crítico, lógico e criativo.

Os objetivos contemplam diversas áreas do conhecimento, organizadas em componentes curriculares como: Língua Portuguesa, Matemática, História, Geografia, Ciências Naturais, Educação Física, Arte e Língua Estrangeira, além de tratar de temas sociais urgentes como Ética, Saúde, Orientação Sexual, Meio Ambiente, Trabalho e Consumo e Pluralidade Cultural.

Portanto, o professor, ao trabalhar os conteúdos relacionados à sua área do conhecimento, deve fazê-lo de modo que atenda aos objetivos propostos para a etapa educacional em que leciona.

Isso significa, por exemplo, que, se um dos objetivos refere-se a questionar a realidade de maneira crítica, as ações do professor não podem ser no sentido de exigir dos alunos memorização e repetição de conteúdos, sem qualquer análise que contemple tempo e espaço e, consequentemente, a avaliação coerente não pode buscar medir a reprodução de conteúdos de livros didáticos.

É nesse sentido que a avaliação precisa estar alinhada com os objetivos do projeto político pedagógico, que refletem nos objetivos de aprendizagem, na seleção dos conteúdos, nos métodos de ensino e, consequentemente, na concepção de avaliação que se adota para cada disciplina.

Além disso, há ainda uma questão que precisa ser superada nessa etapa educacional referente à fragmentação dos conteúdos, que é um desserviço para a formação crítica e cidadã, ao passo que essa abordagem passa a estudar o objeto de ensino-aprendizagem, fragmentado de todas as questões que o envolvem, como se a percepção do mundo fosse de maneira estanque e fragmentada, como se só olhássemos, por exemplo, as questões ambientais sem pensar nas relações de consumo, de cidadania, de políticas públicas, sociais, culturais, entre outros saberes que mobilizamos para discutir a temática.

Consequentemente, a avaliação também não pode ser de modo autoritário e reproducionista, pois, se assim for, cria-se um descompasso entre os objetivos elencados para os anos finais do ensino fundamental e o modo de avaliar.

De acordo com Brasil (1998), a avaliação nessa fase educacional deve contemplar três eixos: conceitos, procedimentos e atitudes.

Os critérios de avaliação utilizados pelo professor devem apontar experiências educativas dos alunos e representar as aprendizagens essenciais ao final do ciclo e, ainda, devem ser possíveis à maioria dos alunos submetidos a condições específicas de ensino-aprendizagem.

Embora as avaliações tradicionais, como provas e testes, realizadas internamente pela escola, sejam utilizadas nessa etapa de ensino, ainda ocorre o fato de que há as avaliações externas, também convencionais, influenciam sobremaneira a forma de avaliação que a escola desenvolve com os alunos, contribuindo para o enraizamento das avaliações tradicionais.

A avaliação, em grande parte, acaba tendo um fim em si mesma, ou seja, o aluno passa muito tempo sendo avaliado e a finalidade da avaliação, que é refletir sobre a prática e (re)orientar questões didáticas de ensino-aprendizagem, não se concretiza efetivamente.

É importante refletirmos sobre essas questões. Seria interessante considerar além da fragmentação do objeto de ensino: a fragmentação das formas de avaliação, pensando em mecanismos de integração de objeto de ensino, de avaliação, de maneira a refletir na forma como percebemos o mundo com todas as questões envolvidas.

Além disso, a avaliação formativa, processual e contínua, feita pelo professor em sala de aula, durante e ao final de cada conteúdo, deve ganhar mais espaço e credibilidade como possíveis formas de avaliar. Então, trabalhos escritos, exposições orais, pesquisas, discussões, participação e envolvimento do aluno com o objeto de estudo, comportamentos, atitudes e outras questões, que podem ser coletadas diretamente ou por meio de relatos escritos pelo professor, são excelentes formas de coletar dados sobre o processo de aprendizagem dos alunos.

Soma-se a isso um trabalho mais integrado e interativo entre as disciplinas que compõem o currículo, que modo que, por exemplo, um trabalho ou qualquer atividade feita sob a ótica da integração, possam ser considerados como avaliação para outras disciplinas, o que seria uma forma bastante adequada de abordagem dos objetos de ensino-aprendizagem.

Como bem orientam Cintra e Passarelli (2011), uma boa avaliação é aquela que faz o aluno pensar e não que ele reproduza o que já foi trabalhado.

7. Avaliação educacional no Ensino Médio

Atualmente, o Ensino Médio é considerado o principal problema educacional brasileiro e muitos debates têm sido realizadas a respeito dessa questão.

Ensino Médio

Entre as principais discussões que têm sido travadas, uma delas refere-se ao fato de que todos os problemas de baixo desempenho escolar deságuam no Ensino Médio, provenientes de alunos que passaram por todas as etapas de ensino anteriores com dificuldades nas mais diversas habilidades, o que já cria um cenário desafiador para os profissionais da educação que atuam nessa modalidade de ensino recepcionando esses alunos.

Outra discussão refere-se às questões curriculares do Ensino Médio, que têm contribuído também para a alta evasão que ocorre nessa etapa de educação, cujas causas, entre outras, têm sido apontadas como a frustração de expectativas dos jovens em relação à formação recebida e o não atendimento às demandas da sociedade.

Apesar das reformas que o Ensino Médio teve, com orientações governamentais para a contextualização dos objetos de ensino-aprendizagem, fugindo assim da compartimentalização característica, tal qual anunciamos em relação aos anos finais do Ensino Fundamental, não foram suficientes para reverter esse cenário preocupante, em que cerca de 50% dos jovens brasileiros, na faixa etária dos 19 anos, não concluem o Ensino Médio. A essa etapa educacional ainda segue uma organização muito similar à praticada no Ensino Fundamental, com um currículo extenso, não atrativo e formado por diversas disciplinas.

A Lei de Diretrizes e Bases da Educação Nacional (BRASIL, 1996) situa o Ensino Médio como a etapa final da educação básica, cujos objetivos são a formação comum indispensável para o exercício da cidadania, com meios de progredir no trabalho e em estudos posteriores.

Em relação à formação comum indispensável para o exercício da cidadania, o que percebemos é a repetição do que foi feito no Ensino Fundamental. No que se refere aos meios de progredir no trabalho, o Ensino Médio não é caracterizado como um curso profissionalizante, portanto, esse objetivo não é atendido de forma direta. Até poderíamos pensar que outras habilidades e competências são desenvolvidas e que isso permitiria ser utilizado também em contextos profissionais. Além disso, os meios de progredir em estudos posteriores nos leva a concluir que se trata de formação para o vestibular.

Além disso, outra questão também merece atenção: trata-se do Exame Nacional do Ensino Médio (Enem), que atende basicamente a dois objetivos: avaliar os egressos dessa etapa educacional e classificar os alunos para ingresso no Ensino Superior.

Não bastasse isso, temos um grande dilema: ainda há a questão da avaliação da aprendizagem que se pratica no Ensino Médio.

Primeiramente, a prática pedagógica que deveria desenvolver habilidades e competências alinhadas com os objetivos dessa etapa educacional acaba desenvolvendo a pedagogia dos exames, ou seja, os alunos passam a ser ensinados para responder questões de exame e não para atuar nas mais diversas e complexas práticas sociais.

Há as avaliações externas que também influenciam as avaliações internas, assim, o aluno passa a ser um respondedor de exames e provas, que não apenas o classificam como avaliam as escolas onde estudam, tornando esse processo um círculo vicioso.

Temos defendido que uma avaliação válida, coerente, é aquela que avalia com foco nos objetivos de aprendizagem. Então, os objetivos de aprendizagem do Ensino Médio estão sendo considerados nas avaliações que mencionamos? Sem contar práticas de avaliação tradicional, ainda em uso, baseadas em longos questionários que o aluno decora para, então, o professor selecionar dez questões para serem avaliadas. O aluno responde de acordo com o que decorou. Essa prática é bastante familiar para nós, não?

Por essas reflexões, percebemos que também no Ensino Médio a função básica da escola, de oportunizar aprendizagem, está perdendo espaço para as avaliações, que têm ganhado destaque central na educação escolar, criando uma cultura da avaliação com fim em si mesma e classificatória de alunos, instituições, regiões, países, estados, municípios e assim por diante.

Alguns estudos apontam que professores do Ensino Médio confundem entre medir e avaliar (já discutimos esse dilema neste curso), outros reduzem o ato de avaliar a testes e exames, como únicos instrumentos válidos e de credibilidade, reforçando o instrumento prova como o mais utilizado em avaliações, entre outras dificuldades (GONÇALVES, 2007).

Como percebemos, a avaliação é um aspecto importante, que tem gerado preocupações e incertezas diversas entre educadores, considerando sua cultura de cobrança de conteúdos memorizados e sem significação para os alunos.

Além disso, está praticamente esquecida a sua função pedagógica, ou seja, de auxiliar o professor na recondução da prática de sala de aula alinhada com objetivos de ensino-aprendizagem previamente definidos.

8. Avaliação educacional no Ensino Superior

A avaliação educacional no Ensino Superior pode ser concebida sob três perspectivas: avaliação da aprendizagem, avaliação institucional e avaliação de cursos.

Primeiro, cumpre esclarecer que a questão da avaliação da aprendizagem no Ensino Superior ainda carece de estudos e pesquisas, pois parece que essa preocupação ainda está em fase inicial.

Por outro lado, o Ensino Superior também não está isento dos proble-

mas mais gerais, relacionados à avaliação da aprendizagem, já identificados em outros níveis educacionais, como avalições discriminatórias e classificatórias.

Como bem esclarece Vasconcelos (2000), boa parte dos professores universitários não está preparada para lidar com questões didático-pedagógicas e, especificamente em relação à avaliação, acabam avaliando da mesma maneira que eram avaliados, sem uma reflexão adequada sobre o papel da avaliação da aprendizagem na prática pedagógica.

Essa prática traduz-se em uma avaliação tradicional, com foco em provas escritas e que não têm função de (re)orientar o trabalho pedagógico e o aluno em relação ao seu desempenho, expectativas do curso, dificuldades a enfrentar, entre outras questões.

Independentemente do nível de ensino em que se atua, a avaliação da aprendizagem deve estar alinhada com os objetivos do curso e, consequentemente, com os da disciplina e seus conteúdos.

A avaliação precisa ser coerente e adequada, pois ela deve refletir o que foi abordado em sala de aula e permitir ao aluno um pensar sobre o objeto de ensino--aprendizagem, de forma contextualizada e não memorizada, reproducionista.

A avaliação precisa ser mais democrática e menos controladora e rígida, como se todo o processo de aprendizagem pudesse ser medido por instrumentos avaliativos.

Na educação superior, a avaliação da aprendizagem pode e deve ser contínua e processual, e o professor deve fazer uso de instrumentos diversificados, que permitam avaliar as habilidades de seus alunos, sem o autoritarismo característico de provas e exames.

Relatórios de pesquisa, estudos de casos, análise de situação-problema, artigos, seminários, pôsteres, exposição oral, discussão, debates, observação cotidiana do desempenho dos alunos, tudo isso pode ser excelente forma de avaliação, o que permite a coleta de dados de desempenho sobre uma grande quantidade de situações e que pode, sim, refletir a realidade de nossos alunos.

Outra forma de avaliação no Ensino Superior refere-se à avaliação institucional, que vem ganhando cada vez mais espaço. É uma forma de avaliar a instituição que oferece formação em nível superior, considerando, por exemplo, aspectos do ensino, pesquisa e extensão, gestão, participação democrática, cursos e desempenho dos estudantes (Enade).

Uma das formas de avaliação institucional são as avaliações externas promovidas pelo governo para fomentar reformas no sistema educacional brasileiro, de caráter regulatório, promovendo, inclusive, classificação entre as instituições. Além disso, visa a melhorias na qualidade da educação superior.

Outra forma de avaliação institucional consiste em avaliações internas, desenvolvidas pela própria instituição por meio da Comissão Própria de Avaliação (CPA), portanto, autoavaliativo, e que assume um caráter mais formativo e processual.

Essas duas dimensões da avaliação institucional formam um sistema que permite a integração das diversas dimensões, avaliadas de maneira isolada, criando coerência entre as questões avaliadas.

Outra dimensão da avaliação no Ensino Superior é a avaliação de cursos, realizada sob três perspectivas: para autorização, para reconhecimento e para renovação do reconhecimento.

A avaliação para autorização de curso é realizada quando a instituição pede autorização ao Ministério da Educação para abrir determinado curso, sendo observados três aspectos: a organização didático-pedagógica, o corpo docente e técnico-administrativo e as instalações físicas.

A avaliação para reconhecimento de curso é realizada quando a primeira turma avança para a segunda metade temporal do curso. São avaliados os três aspectos mencionados, com a intenção de verificar se o projeto apresentado ao MEC foi inicialmente cumprido.

A avaliação para renovação do reconhecimento é realizada a cada três anos. Inicialmente, é calculado o Conceito Preliminar do Curso (CPC), sendo avaliados *in loco* os cursos que tiverem conceitos entre 1 e 2.

Pela exposição apresentada, foi possível compreender a dimensão da avaliação educacional no nível superior, com destaque para as questões relacionadas à avaliação da aprendizagem.

9. Avaliação na educação corporativa

Iniciamos este curso contextualizando a avaliação no nosso cotidiano, fora do contexto escolar e, em seguida, tratamos da avaliação em diversos níveis educacionais.

Podemos pensar que antes de irmos à escola nós já somos avaliados, depois, passamos por um logo período sendo avaliados pela própria escola, formamo-nos no Ensino Superior, adquirimos uma profissão e então estamos livres da avaliação, certo? Errado!

O fato de termos aprendido uma profissão em um curso superior não significa que já aprendemos tudo o que era preciso para exercê-la. A aprendizagem é algo que ocorre durante toda nossa vida, mesmo fora dos bancos escolares e, inclusive, nos espaços corporativos, objeto de reflexão nesta seção.

Avaliação no contexto corporativo

Nos espaços corporativos, a avaliação também se faz presente, em forma de **avaliação de desempenho**.

A avaliação de desempenho é, portanto, uma forma de avaliar, apreciar, fazer juízo de valor ou julgar.

Por outro lado, desempenho refere-se ao comportamento demonstrado pelo funcionário em função de uma expectativa ou padrão de comportamento criado e esperado pela empresa.

Assim, ampliando a definição de avaliação de desempenho, é o julgamento que se faz a um comportamento real, demonstrado pelo funcionário, em relação àquilo que ele deveria ter demonstrado.

Nessa avaliação, busca-se a identificação de problemas, definição de causas e alternativas para solucioná-las em conjunto entre avaliador e avaliado, estímulo à melhoria do desempenho e, consequentemente, das tarefas profissionais realizadas.

Portanto, essa percepção de avaliação é muito similar àquela que defendemos ao longo de toda esta Unidade: a de avaliação como meio para melhoria da formação do sujeito e não apenas como mecanismo de controle e classificação.

Levando-se em conta os resultados identificados na avaliação de desempenho, ações são desenhadas para a melhoria dos comportamentos demonstrados, considerando as necessidades e possibilidades do funcionário e da instituição em promover melhorias de desempenho de seu colaborador.

Mais uma vez, podemos fazer uma alusão às concepções de avaliação que abordamos em todos os níveis educacionais analisados.

Por fim, mas sem a intenção de colocar um ponto-final sobre as questões que foram suscitadas nesta Unidade, precisamos redimensionar a avaliação educacional nos mais diversos níveis de ensino, conscientes de seu papel integrado aos objetivos de ensino-aprendizagem elencados para o curso, seus componentes curriculares e, consequentemente, seus conteúdos.

Precisamos compreender o papel e a função da avaliação formativa, processual e contínua, como forma de reorientar e reconduzir a prática pedagógica ao alcance dos objetivos educacionais, caso contrário, continuaremos simplesmente avaliando e reforçando a ideia de que nosso sistema educativo é de péssima qualidade, nos eximindo da participação nesse processo.

Finalizamos essa reflexão e questionamento pedindo que você, leitor, faça uma análise de seu percurso em relação às práticas avaliativas, que surtiram efeito em alguma atividade pedagógica desenvolvida em sala de aula em algum nível educacional.

Glossário – Unidade 3

Avaliação – ação pedagógica que visa à percepção de domínio pelos alunos em relação a um objetivo de ensino específico. A partir da avaliação, o professor também pode ter a percepção sobre os métodos e estratégias utilizados. O resultado da avaliação deve servir para refletir sobre a ação pedagógica e (re)direcionar o trabalho em sala de aula.

Avaliação de cursos – um dos aspectos da avaliação institucional, realizada sob três perspectivas: para autorização, para reconhecimento e para renovação do reconhecimento.

Avaliação de desempenho – julgamento que se faz a um comportamento real, demonstrado pelo funcionário, em relação àquilo que ele deveria ter demonstrado.

Avaliação diagnóstica – tem a função de verificar no início de cada etapa de estudos o que o aluno já sabe e o que não sabe. É uma ferramenta bastante eficaz e apropriada, haja vista que, a partir dessa abordagem, o professor pode estruturar suas ações pedagógicas, definindo quais conteúdos devem ser abordados e com que profundidade.

Avaliação formativa – preocupa-se com o processo de apropriação de saberes por parte dos alunos, ou seja, o foco está nos caminhos que o aluno percorre para que ocorra a aprendizagem.

Avaliação institucional – forma de avaliar a instituição que oferece formação em nível superior considerando, por exemplo, aspectos de ensino, pesquisa e extensão, gestão, participação democrática, cursos e desempenho dos estudantes (Enade).

Conteúdos – práticas sociais tomadas como objeto de ensino-aprendizagem. Essas práticas precisam ser relevantes e significativas para o aluno. Além disso, os conteúdos precisam prever atividades práticas, de vivência em relação ao que se aprende.

Educar – ato de proporcionar situações de cuidados, brincadeiras e aprendizagens orientadas pelo professor, de forma integrada e que contribuam para o desenvolvimento das capacidades da criança.

Justificativas – argumentos que explicam a necessidade e relevância dos objetivos educacionais e também dos conteúdos a serem ensinados.

Métodos – conjunto de ações, passos e procedimentos planejados e orientados para atingir os objetivos.

Objetivos – metas a serem alcançadas na educação e que determinam os resultados que se pretende atingir. Eles podem ser gerais ou específicos.

Recursos didáticos – recursos físicos presentes no ambiente de ensino-aprendizagem que estimulam e funcionam como instrumento tanto para o ensino quanto para a aprendizagem.

Tempo – fator importante que favorece o planejamento e monitoramento da duração de cada etapa de ensino-aprendizagem.

UNIDADE 4
AVALIAÇÃO NO PROCESSO ENSINO-APRENDIZAGEM: TÉCNICAS E INSTRUMENTOS

Capítulo 1 Introdução, 68

Capítulo 2 Critérios para a escolha dos procedimentos e instrumentos de avaliação, 69

Capítulo 3 Desenho, 72

Capítulo 4 Diário de bordo, 74

Capítulo 5 Dramatização, 76

Capítulo 6 Estudo de caso, 77

Capítulo 7 Maquete, 79

Capítulo 8 Pesquisa, 81

Capítulo 9 *Portfólio*, 83

Capítulo 10 Situação-problema, 84

Glossário, 88

Referências, 89

1. Introdução

Ao longo deste curso sobre avaliação educacional, abordamos vários aspectos relacionados a instrumentos de avaliação, de forma superficial, sem aprofundarmos em cada um dos instrumentos mencionados, pois, naquela ocasião, nossos objetivos eram outros.

Já abordamos anteriormente, mas é necessário enfatizar que a avaliação deve ser processual, ou seja, de maneira contínua, e não em momentos isolados do processo ensino-aprendizagem.

A avaliação processual traz subsídios imediatos sobre questões que estão em desenvolvimento em sala de aula, o que permite que o professor (re)oriente suas ações pedagógicas de maneira que os objetivos de aprendizagem formulados sejam atingidos.

Uma avaliação nessa perspectiva contribui para a melhoria de nossa educação, haja vista que ela não tem um fim em si mesma, mas está orientada para o centro de todo o trabalho pedagógico: o aluno.

Dessa maneira, um trabalho pedagógico que busca identificar necessidades de aprendizagem do aluno, fazendo uso de instrumentos diversificados de avaliação, também contribui para uma avaliação democrática por proporcionar formas diversas de manifestação do aluno quanto ao seu aprendizado.

É sob essa perspectiva que, nesta Unidade, propomos a discussão de critérios para seleção, elaboração e avaliação, pelo professor, de instrumentos de concepção processual e democrática, que, embora não sejam de uso predominante em sala de aula, consideramos sua pertinência bastante adequada em virtude da concepção de avaliação que adotamos durante este curso, apresentando reflexões sobre sua pertinência e efeitos.

O foco dessa abordagem será sobre os seguintes instrumentos de avaliação: desenho, diário de bordo, dramatização, estudo de caso, maquete, pesquisa, *portfólio* e situação-problema.

Ressaltamos que esses não são os únicos instrumentos de avaliação que devem ser utilizados pelo professor, mas podem ser um parâmetro para a diversificação das formas de avaliação de nossos alunos e, assim, outros instrumentos podem ser abordados pelo professor, com a função de ampliar e fortalecer uma concepção de avaliação que não seja classificatória e autoritária, mas que esteja alinhada com a concepção de educação e de escola no século XXI.

2. Critérios para a escolha dos procedimentos e instrumentos de avaliação

Um critério essencial para a avaliação da aprendizagem é ter consciência dos objetivos pedagógicos elencados para serem cumpridos.

Se o professor não tiver clareza dos objetivos de ensino-aprendizagem, a avaliação certamente não cumprirá sua função, tendo em vista que haverá um descompasso entre as ações pedagógicas efetivamente desenvolvidas pelo professor em sala de aula e o conhecimento demonstrado pelo aluno no momento da avaliação.

Nesse sentido, um critério essencial é estabelecer a relação entre o objetivo de ensino-aprendizagem e o que se deseja ensinar ao aluno.

Esclarecida essa questão inicial, passemos então aos critérios de escolha dos procedimentos e instrumentos de avaliação.

Quanto aos procedimentos de avaliação, o professor pode lançar mão de vários instrumentos que cumprem essa função.

Vale reforçar que a elaboração desses instrumentos é uma etapa em que o professor precisa considerar aspectos como clareza dos enunciados. Não é adequado que o professor complique o enunciado do que se deseja avaliar, ou seja, os enunciados devem ser claros e objetivos, sem as famosas "pegadinhas" para que o aluno não saiba responder ao que se propõe.

Além disso, a avalição deve contemplar o que foi abordado em sala de aula, isto é, o que não foi abordado exaustivamente não deve ser objeto de avaliação. Desse modo, a avaliação deve cobrir todos os aspectos que foram trabalhados e não somente aqueles considerados mais difíceis.

Ainda sobre os procedimentos, é importante que o próprio professor elabore os instrumentos de avaliação de seus alunos, pois ele saberá o que efetivamente foi trabalhado em sala de aula e como esses conteúdos foram abordados. Isso permitirá a construção de um instrumento de avaliação válido diante das questões didáticas desenvolvidas.

Gostaríamos de chamar a atenção para um aspecto relacionado à cultura do livro didático. Utilizar questões formuladas nesses livros, ou aplicar a mesma prova para turmas diferentes não constituem procedimentos adequados para a avaliação em razão de não avaliar aspectos específicos dos alunos.

As questões dos livros didáticos podem não representar o que foi efetivamente abordado em sala de aula e como esses conteúdos foram abordados. Aplicar a mesma avaliação para turmas diferentes também não cumpre o papel de avaliação democrática, sendo que cada uma tem sua especificidade e o professor pode ter considerado aspectos em uma turma e não em outra.

A aplicação dos instrumentos de avaliação deve ser feita em um ambiente adequado e colaborativo, sem a costumeira pressão e punição que se atribui aos momentos de avaliação.

A correção das avaliações, considerada mais importante que a atribuição de notas e menções, é a identificação de aspectos não assimilados pelos alunos para que possa haver uma readequação do trabalho pedagógico para permitir que os objetivos didáticos sejam alcançados.

Sendo assim, a avaliação é pertinente e adequada se ela for capaz de permitir, tanto a alunos quanto a professores, reflexões sobre seus desempenhos diante dos objetos de ensino-aprendizagem.

Em relação à escolha dos instrumentos a serem utilizados para avaliar os alunos, ela reflete a concepção de educação de professores, coordenadores, projeto político pedagógico e outros agentes envolvidos na educação.

Como argumentado durante este curso, há diversos instrumentos de avaliação, e a escolha de um não exclui o outro, aliás, temos defendido a escolha de múltiplos meios de avaliação para permitir que o aluno tenha mais de uma maneira de demonstrar seu aprendizado.

Além do critério dos procedimentos, é importante o professor estabelecer também critérios a respeito do tipo de avaliação que se adota.

Além da classificação da avaliação em diagnóstica, qualitativa, formativa, somativa, classificatória e processual, as quais já foram objeto de discussão neste curso, há outras formas de classificá-la.

Rabelo (1998), classifica as avaliações da seguinte maneira:

Classificação da avaliação

Classificação	Conceito
Regularidade	Contínua ou pontual
Avaliador	Interno ou externo
Explicitação	Explícita (definida e acertada com os alunos) ou implícita (feita de maneira contínua, sem que os alunos percebam que estão sendo avaliados)
Natureza	Passiva, repetitiva e alienante, em oposição à reflexiva e crítica
Forma	Verbal, oral ou escrita; não verbal, desenhos, maquete, experimentação.
Foco	Quantitativo, qualitativo, processual ou final.

A partir dessa classificação, é possível escolher instrumentos adequados com o objetivo de ensino-aprendizagem e, também, com a concepção de avaliação que se adota.

Por exemplo, se o professor decide fazer uma avaliação contínua, certamente ele optará por instrumentos como observação, *portfólio*, entre outras; se o professor decide por uma avaliação que utilize meios não verbais, ele optará por instrumentos como desenho, maquete, entre outros. Resumidamente, é preciso ter clareza do que se deseja avaliar, para, então, ter critérios na escolha dos procedimentos e instrumentos de avaliação.

Nesse sentido, a escolha do instrumento precisa obedecer aos critérios de avaliação definidos pelo professor, devendo ser comunicado ao aluno.

Por exemplo, se o professor deseja avaliar habilidades de comunicação oral do aluno, então, obviamente, ele não pode escolher como instrumento de avaliação uma prova escrita. Do mesmo modo, se o objetivo do professor é avaliar a habilidade argumentativa do aluno por meio da escrita, ele não pode escolher como instrumento um seminário.

Inicialmente, é importante que o professor, defina os critérios de avaliação como alguns requisitos básicos que o aluno precisa demonstrar em termos de aprendizagem. Feito isso, o professor deve comunicar ao aluno esses requisitos, para que ele tenha consciência de que aspectos serão avaliados.

Essa estratégia permite que o aluno tenha controle do seu desempenho e, também se esforce para demonstrar as competências e habilidades que o professor visa avaliar.

PARA SABER MAIS! Recomendamos a leitura do artigo disponível no link: <www.diaadiaeducacao.pr.gov.br/portals/pde/arquivos/142-4.pdf> (acesso em: 22 dez. 2015), a respeito de critérios e instrumentos avaliativos, ilustrando muitos aspectos abordados nesta seção e exemplificando de avaliação estabelecidos para algumas áreas do conhecimento.

Definidos esses critérios, eles darão o norte para a construção dos instrumentos de avaliação, que serão abordados a seguir.

3. Desenho

O desenho é uma forma lúdica de manifestação de conceitos e conhecimentos e uma maneira de representar a imagem mental que temos sobre algo. É uma das primeiras formas de manifestação que o ser humano utiliza.

Essa representação não é pura e simplesmente uma reprodução daquilo que se imagina, mas uma maneira de interpretar a realidade.

A evolução do desenho acompanha a evolução da linguagem do ser humano.

Tomemos como exemplo um desenho infantil e um desenho adulto. As diferenças são bastante acentuadas, em virtude do desenvolvimento da linguagem e dos conceitos de ambos.

ATENÇÃO! O desenho é bastante utilizado nos anos iniciais da educação, sobretudo na Educação Infantil e na primeira etapa do Ensino Fundamental, embora ele possa ser utilizado em todos os níveis educacionais.

Na Educação Infantil, o desenho é uma possibilidade de trabalhar assuntos comuns à criança, como família, amigos, alimentos, animais etc.; no Ensino Fundamental, o desenho passa a ser explorado de maneira mais contextualizada e afinada com outras áreas do conhecimento, tendo em vista que o repertório dos alunos vão se modificando. Entretanto, à medida que esse repertorio vai sendo ampliado, o desenho vai perdendo espaço entre os instrumentos de avaliação.

Ressalta-se que, mesmo nos anos iniciais, a alfabetização tem se colocado como aspecto urgente a ser reivindicado, e o desenho é visto como algo praticamente secundário, embora esteja muito afinado com o estágio de desenvolvimento das crianças. O que ocorre, então, é a troca de um código pelo outro.

Há ainda situações em que professores controlam o desenho da criança, privando-se da posição de ser histórico e social com condições de criar e se expressar. Por exemplo, em atividades de colorir, muitos professores orientam os alunos em relação a qual cor usar, como se houvesse certo e errado, como se, por exemplo, o elefante não pudesse ser rosa, azul, vermelho ou verde. Desde cedo, as crianças são cerceadas na sua maneira de expressar e interpretar as coisas que as cercam e, posteriormente, muitos professores reclamam da "incapacidade" de interpretação e de leituras possíveis sobre algo, mas esquecem-se de que, desde o início, elas foram "orientadas" sobre como se manifestar, impedindo-as de desenvolver a sua criatividade.

Na Educação Infantil, a criança pode manifestar, por meio do desenho, suas percepções, conhecimentos, emoções, imaginação, entre outros aspectos.

Segundo Ferreira (2005), a criança não reproduz uma realidade material, mas um conceito, isto é, ela demonstra o conhecimento conceitual que ela tem sobre algo.

Nesse sentido, avaliar por meio de desenhos permite uma amplitude de manifestações muito positiva, e, consequentemente, uma diversidade de respostas, com o livre exercício da imaginação e criatividade, fantasias e desejos.

PARA SABER MAIS! Para conhecer o resultado de uma pesquisa sobre o desenho infantil como instrumento avaliativo, recomendamos a leitura do trabalho de Cristiane Ferreira Cunha Amâncio, disponível em: <www.avm.edu.br/monopdf/6/ CRISTIANE%20FERREIRA%20CUNHA%20AMANCIO.pdf>. Acesso em: 22 dez. 2015.

O desenho pode ser usado de forma autoral (desenho livre produzido pela criança) ou apresentado, pronto, como recurso para reconhecimento e nomeação de objetos.

Ao utilizar o desenho na alfabetização, o professor pode estabelecer como critério de avaliação, identificar a percepção da criança em relação à letra/som, à segmentação de palavras, ortografia, entre outras possibilidades.

Os resultados da avaliação também precisam ser interpretados, a fim de compreender o sujeito que se manifesta, pois os traços de seu desenho estão impregnados de sua personalidade e, muitas vezes, isso precisa de intervenção pedagógica.

4. Diário de bordo

O diário de bordo é um poderoso instrumento de avaliação, permitindo o acompanhamento do processo evolutivo de desenvolvimento do aluno. É uma forma de o professor registrar fatos e acontecimentos que ocorrem em sala de aula em relação a seus alunos e, também, de o aluno registrar questões relacionadas a atividades pedagógicas de que participa.

Sobretudo na Educação Infantil e nos anos iniciais da educação básica, embora possa ser utilizado em qualquer nível de ensino, esse instrumento é bastante adequado por permitir o registro do desenvolvimento integral do aluno, fugindo do estereótipo da avaliação tradicional.

Além da função de registro de desempenho dos alunos, ele também tem a função de proporcionar um diálogo intrapessoal do professor em relação a ações que ocorrem em sala de aula.

Nesse diário, o professor precisa desenvolver o hábito de anotações de questões que acontecem em sala de aula, como avanços dos alunos, dificuldades, conquistas, redirecionamentos, entre outras possibilidades.

Não há uma regra de como ele deve ser escrito, tornando-se algo pessoal de cada professor, pois nele podem ser anotadas questões relacionadas tanto a um aluno em particular ou aos alunos de maneira geral, como alguma atividade realizada sobre obstáculos sentidos pelo professor durante a prática pedagógica. As possibilidades são muito amplas e o professor saberá o que é ou não relevante para ser anotado.

Recomendamos que esses registros sejam feitos diariamente em razão da atualização de fatos e acontecimentos que envolvam a formação dos alunos, mas também podem ser feitos semanalmente. Fica a critério do professor a periodicidade de escrita.

A adoção desse instrumento não exclui a orientação de que as aulas devem ser planejadas. O diário de bordo é um instrumento mais informal, que auxilia o professor na tomada de decisões sobre questões de ensino-aprendizagem e, inclusive, mantém uma relação muito próxima com o plano de aula, haja vista que o professor pode utilizar o diário de bordo para registrar também percepções sobre seu desempenho e dos alunos durante o desenvolvimento do plano de aula.

Além de ser produzido pelo professor, o diário de bordo pode ser elaborado pelos alunos.

PARA SABER MAIS! Recomendamos a leitura do artigo disponível em: <www. academia.edu/6861575/O_Di%C3%A1rio_de_Bordo_como_ferramenta_de_ reflex%C3%A3o_durante_o_Est%C3%A1gio_Curricular_Supervisionado_do_curso_ de_Ci%C3%AAncias_Biol%C3%B3gicas_da_Universidade_Estadual_de_Santa_Cruz_ Bahia> (acesso em: 22 dez. 2015), que trata das contribuições do Diário de Bordo como instrumento de avaliação.

Nessa abordagem, que pode ser individual ou em grupo, os alunos devem ser orientados pelo professor a registrar reflexões, comentários, dificuldades, curiosidades e outros aspectos das atividades pedagógicas, desenvolvidas tanto em sala de aula como fora dela. O professor pode ceder um tempo ao final de cada aula para que os alunos registrem essas questões.

A etapa seguinte permite a criação de espaços para a leitura dessas reflexões em sala de aula, promovendo um debate em que se comente a respeito, de maneira que professor e alunos, envolvidos no processo ensino-aprendizagem, reflitam sobre suas ações. Outra alternativa é o professor ler essas reflexões fora da sala de aula, mas com os mesmos objetivos: que elas possam (re)orientar a prática pedagógica.

Monteiro (2007), afirma que o professor também pode balizar-se nesses registros para repensar suas ações pedagógicas, de modo a promover melhorias sobre aspectos percebidos como problemáticos ou com dificuldades, ou ainda enfatizar ações que foram bem-sucedidas.

Além disso, o aluno começa a fazer uso da escrita como função social e não meramente como tarefa escolar, desenvolvendo meios de se autoavaliar positivamente, pois, em geral, os alunos apresentam dificuldades quando são solicitados para avaliar algo.

Dessa forma, o instrumento permite ao aluno pensar sobre seu processo educacional e refletir sobre suas ações e as do professor.

Encorajando esse tipo de comportamento, o professor terá dados valiosos sobre o comportamento do aluno diante dos objetos de ensino-aprendizagem.

Esse tipo de avaliação é muito mais afinada com práticas pedagógicas progressistas, que colocam o aluno como centro do processo ensino-aprendizagem, em oposição à avaliação somativa e classificatória, que não contribui para refletir sobre a prática pedagógica e o desenvolvimento dos alunos.

5. Dramatização

Atividades de dramatização no ensino-aprendizagem promovem a participação e integração do aluno diante objeto estudo, o convívio social, o estímulo e melhoras na expressão verbal e não verbal, além da ampliação de repertório relacionado ao conteúdo a ser desenvolvido pela atividade.

Além dessas vantagens, o uso da dramatização mobiliza várias competências e habilidades que, inclusive, o professor pode considerar como aspectos a serem avaliados, como criatividade, trabalho em equipe, gerenciamento de grupos, liderança, entre outros.

A integração de linguagens e a articulação entre elas são aspectos relevantes nesse tipo de abordagem.

A criação de roteiros escritos, a construção de cenários e figurinos, a utilização de som e luz, tudo de maneira coerente com o conteúdo e os personagens, colocam em foco a língua em uso de maneira dinâmica e extrapola o uso engessado da linguagem que a escola vem promovendo com uso de gêneros tipicamente escolares.

Além disso, a dramatização indicada para todos os níveis educacionais, em razão das vantagens anteriormente apresentadas adaptando-se facilmente a qualquer disciplina, e não apenas à área de artes, afinal, o objetivo dessa abordagem não é ensinar teatro, mas utilizá-lo como ferramenta para ensino-aprendizagem e, consequentemente, como instrumento de avaliação.

Por exemplo, o professor de História pode utilizar-se desse instrumento para avaliar eventos históricos diversos; o professor de Geografia pode valer-se desse instrumento para avaliar aspectos climáticos nas regiões brasileiras; o professor de Inglês pode utilizar-se dessa metodologia para avaliar habilidades de comunicação oral de seus alunos, entre tantas outras possibilidades.

Uma avaliação sob essa perspectiva permite ao aluno experienciar outras realidades, proporcionando um ensino-aprendizagem mais significativo e contextualizado com nossas práticas sociais.

A escolha desse instrumento de avaliação precisa estar alinhada com os objetivos de ensino-aprendizagem definidos pelo professor.

Ao utilizar esse recurso de avaliação, é importante que o professor estabeleça aspectos a serem observados nos alunos durante a apresentação, e que os alunos também sejam informados dos aspectos que serão submetidos na avaliação.

Afinal, todos precisam estar informados dos objetivos da avaliação e, além disso, o professor precisa ter consciência de que está utilizando a dramatização como coleta de dados sobre a aprendizagem dos alunos, devendo, portanto, interpretar esses dados para que eles tragam reflexões sobre a abordagem do objeto de ensino-aprendizagem, o desempenho dos alunos, as ações pedagógicas do professor, entre outros aspectos.

Embora esse instrumento apresente inúmeras vantagens, como algumas que apresentamos nesta seção, talvez o fato de ele não ser muito utilizado refere-se à necessidade de um planejamento rigoroso, às vezes maior que o da própria aula, o que não impede a adoção deste instrumento como forma de diversificação e democratização das práticas de avaliação da aprendizagem.

6. Estudo de caso

Estudo de caso é uma abordagem de ensino-aprendizagem e de avaliação da aprendizagem, em que se focaliza o aspecto unitário de um fenômeno popular, considerando seu contexto e suas múltiplas dimensões, com análise em profundidade.

Nessa análise, o conhecimento está em constante construção e

o caso envolve dimensões bastante amplas, que podem ser contempladas e compreendidas sobre perspectivas diversas (PERES & SANTOS, 2005).

Além disso, o conhecimento demonstrado pelo estudo de caso é concreto, contextualizado e resultado da interpretação do estudioso.

O estudo de caso na escola, independentemente do nível educacional para o qual se ensina e da disciplina ministrada, é um instrumento bastante adequado por mobilizar várias habilidades e competências, como capacidade de raciocínio e análise crítica; considerando-se a forma de apresentação oral, por exemplo, mobiliza capacidades comunicativas, de postura, atitudinais, de coleta, organização e tratamento dos dados coletados, como construção e interpretação de gráficos e tabelas.

Os professores podem selecionar um caso único ou ainda coletivo para que os resultados sejam comparados, a fim de ampliar possibilidades significativas. Esses casos podem ser reais ou fictícios. Ressaltamos que no uso de casos fictícios há a necessidade de estabelecer, minimamente, relações com situações reais, caso contrário, a abordagem perde sua característica.

Os procedimentos, de maneira positiva, são bastante explorados em detrimento da memorização mecânica e da aprendizagem sem significação e relevância.

O professor precisa demonstrar aos alunos como se faz um estudo de caso. Para isso, ele pode selecionar determinado caso, relacionado ao conteúdo abordado em sala de aula e desenvolver esse estudo de maneira coletiva, construindo conhecimento com os alunos e permitindo a criação de repertório para que, nas etapas seguintes, possam desenvolver seu próprio estudo, individual ou coletivamente.

Os estudos de casos podem ser exploratórios, descritivos ou analíticos. Os exploratórios visam identificar informações preliminares sobre determinado assunto; os descritivos visam descrever o caso estudado, e os analíticos visam à problematização de questões relacionadas ao caso em estudo.

As possibilidades de uso de estudos de caso são infinitas.

É importante que se tenha clareza do objetivo do estudo de caso, questionando o que queremos saber sobre ele. Essa investigação é orientadora da condução de estudos, embora outros questionamentos possam surgir ao estudar um caso concreto.

Por exemplo, um professor do curso de Pedagogia seleciona um caso para estudo. Imaginemos, então, determinada escola de Educação Infantil. Já temos o caso identificado para estudo, entretanto, precisamos selecionar algum aspecto a ser investigado.

Imaginemos que queiramos saber quais são os instrumentos de avaliação utilizados pelos professores e a percepção que eles têm desses instrumentos utilizados. Observem que temos duas questões, ou seja, dois objetivos a serem investigados.

Definido isso, precisamos coletar dados e informações que respondam a esses questionamentos. Imaginemos que elaboramos um roteiro de entrevista para ser realizada com esses professores, sendo várias perguntas formuladas com o objetivo de identificar os instrumentos de avaliação utilizados e a percepção que os professores têm sobre esses instrumentos.

Obtendo os dados, é necessário interpretá-los, respondendo aos dois objetivos inicialmente propostos. Então, chegaremos a uma conclusão a respeito do caso estudado, saberemos quais são os instrumentos de avaliação que os professores de Educação Infantil utilizam e qual a percepção que esses profissionais têm sobre esses instrumentos.

Como mencionamos, outras respostas que inicialmente não tínhamos como objetivos podem ser identificadas, e nem por isso elas precisam ser desconsideradas; pelo contrário, se forem questões relevantes ao caso estudado, elas podem e devem ser mencionadas nos resultados do estudo.

Uma avaliação nessa abordagem contribui mais para a formação do aluno, por desenvolver procedimentos, atitudes e conhecimentos de maneira significativa e contextualizada, que a utilização de instrumentos tradicionais, marcados por aspectos simplesmente quantitativos e classificatórios.

7. Maquete

Na Educação, maquete é uma abordagem pedagógica que permite o domínio visual de todo o conjunto espacial sobre determinada temática.

Ela pode ser utilizada como estratégia de ensino-aprendizagem e como instrumento de avaliação em diversas áreas do conhecimento.

Além da mobilização de conteúdo específico em relação à temática, ela também mobiliza outras competências e habilidades como criatividade, inovação, senso estético, raciocínio descritivo, lógico, analítico e crítico para a explicação dos aspectos abordados, desenvolvendo capacidades de comunicação e socialização, apenas para elencar alguns.

Como todo instrumento de avaliação, o professor precisa definir o que será avaliado e informar os alunos a respeito dos objetivos a serem cumpridos na elaboração de uma maquete como forma de avaliação.

Por exemplo, em uma aula de didática, o professor pode solicitar aos alunos que elaborem uma maquete de uma sala de aula tradicional e outra de uma sala de aula construtivista, a fim de compará-las em relação ao papel da escola, do professor e do aluno, por exemplo.

Nesse exemplo, o aluno precisa mobilizar conhecimentos teóricos a respeito das duas correntes pedagógicas e adaptá-las para o formato da maquete, isto é, ele precisa adaptar uma forma de conhecimento para realização em outra forma, nesse caso, a da maquete. Essa transformação torna a aprendizagem mais acessível e prática.

A vantagem é que o aluno consegue visualizar as questões teóricas relacionadas à temática que estimulam a produção de conhecimento a partir da observação do conjunto espacial objeto de análise, além de despertar o interesse e motivar os alunos a se envolver de modo mais participativo no estudo dos objetos de ensino-aprendizagem selecionados para essa função.

Consideramos importante que o professor dedique um tempo significativo para apresentação desse instrumento, explicando aos alunos o que é uma maquete, qual a sua função, como se elabora, os conhecimentos necessários para isso e algumas estratégias e orientações que possam ser utilizadas pelos alunos, orientando-os, inclusive, na possibilidade de uso de outros recursos auxiliares como cartazes, faixas e painéis.

Outro aspecto importante dessa forma de avaliação consiste na possibilidade de um trabalho integrador entre disciplinas, tendo em vista que os alunos mobilizam conhecimentos de várias áreas de estudo para a realização desse tipo de atividade. Dessa forma, os professores podem trabalhar em torno desse projeto e utilizar a maquete como forma de avaliação para sua disciplina, sem a necessidade da utilização de outros instrumentos para avaliar a aprendizagem de seus alunos.

É evidente que os alunos precisam estar cientes dessa forma de trabalho, assim como dos aspectos que serão considerados por cada professor, em relação ao que será avaliado no desenvolvimento dessa atividade.

Como em qualquer instrumento de avaliação, o professor deve cuidar dos resultados apresentados pelos alunos, (re)orientando, se necessário, as estratégias de ensino-aprendizagem empregadas para a abordagem do objeto de estudo em foco.

Em resumo, a maquete como instrumento de avaliação rompe com as formas tradicionais de avaliação da aprendizagem, apresentando o objeto de estudo de forma contextualizada, prática e que necessita de mobilização de várias espécies de saberes, o que contribui sobremaneira para a formação integral do aluno.

8. Pesquisa

Atividade de pesquisa em sala de aula é uma forma de promover a aprendizagem significativa, contextualizada e processual de investigação sobre determinado objeto, fato ou fenômeno, contribuindo para a formação contínua e formativa do aluno. Pesquisar significa buscar com cuidado, aprofundar-se na busca.

Além disso, essa abordagem se opõe à visão do aluno como ouvinte e o projeta a sujeito, também produtor de conhecimento.

O papel do professor na nossa sociedade não é mais daquele que sabe tudo, do único a ter acesso ao conhecimento. Nos dias de hoje, professor compete com várias outras instituições, que também promovem o saber.

Assim, ao abordar conteúdos de ensino-aprendizagem, o professor não deve fazê-lo de maneira pronta e acabada, pelo contrário, deve assumir uma postura reflexiva e mediadora, propondo questões que gerem discussões, tragam respostas, posicionamentos e pontos de vista diferentes.

Nessa mediação e atento à participação dos alunos, o professor deve perceber questões e enfoques diferentes trazidos por eles, em relação ao objeto de ensino--aprendizagem.

A partir dessa abordagem, o professor pode propor e orientar pesquisas sobre essas questões, de maneira que ampliem o repertório do aluno sobre esses aspectos, proporcionando, também, formas diferentes de abordagem do conteúdo, visões diferentes, sob outras perspectivas e outras fontes, que não seja o professor, alçando o aluno a um sujeito-autor de conteúdos.

É importante que o aluno tenha clareza do que pesquisar, por que pesquisar e como pesquisar. Cabe ao professor orientá-lo em relação a essas questões.

Outro fator importante refere-se ao fato de que a pesquisa precisa trazer resultados para questionamentos, dúvidas, conflitos; os critérios precisam ser claros, de modo a facilitar o aluno a atingir o objetivo da pesquisa realizada. Como afirmam Freire & Faundez (1985), o conhecer surge como resposta a um questionamento, a uma pergunta, a uma dúvida.

Utilizando a pesquisa como forma de avaliação da aprendizagem, o professor está diversificando as formas de ensinar, aprender e também de avaliar, de maneira não autoritária e democrática, inclusive com a participação coletiva e socializante dos participantes da pesquisa.

Essa avaliação pode ser individual, em duplas, trios, grupos. Fica a critério do professor, lembrando que as formas de agrupamento precisam ser pensadas em termos de objetivos a serem alcançados e habilidades a serem mobilizadas.

Sem a pressão da avalição, cria-se um clima muito mais propício e colaborativo à aprendizagem.

Além disso, as possibilidades de demonstrar conhecimento, por meio de pesquisa, transcendem aos limites de provas e exames tradicionais, utilizados frequentemente como única forma de avaliação da aprendizagem e, ainda, acabam não cumprindo o real papel da avaliação, que é (re)orientar as ações pedagógicas para que atinjam os objetivos educacionais delimitados para determinada ação didática.

Talvez as atividades de pesquisa sejam mais recorrentes no Ensino Superior, embora ainda não de modo satisfatório e consciente de formas processuais e contínuas de avaliação, pois, como mencionamos, o Ensino Superior ainda é marcado pelo uso constante de exames e provas como formas valorizadas de avaliação da aprendizagem.

Realizada a pesquisa, como serão apresentados seus resultados? Por meio de relatório, seminário, discussão em grupos? Tudo isso precisa ser esclarecido, pois as possibilidades de materialização disso são bastante amplas.

O professor precisa orientar essas questões, consciente de que cada forma de apresentação dos resultados da pesquisa pode mobilizar competências e habilidades diferentes e, por isso, precisa ter clareza do que deseja avaliar, além do conteúdo específico da pesquisa.

A *TENÇÃO! Vale destacar que, em tempos de internet e da facilidade do uso de recursos como copia e cola, a pesquisa precisa ser bem orientada para que ela cumpra a função pedagógica, abordada nesta seção, caso contrário, a atividade torna-se mais um meio de reprodução de conteúdos pelo aluno, sem qualquer intervenção, análise e avaliação.*

Por isso, é importante a definição do objetivo da pesquisa, da indagação e do questionamento que se busca investigar, que precisa ser desafiador, e não apenas promotor de identificação de fontes de pesquisa e de reprodução de conteúdos elaborados por outro autor.

Por exemplo, avaliar o domínio de conteúdo e a capacidade de comunicação oral, ou avaliar o domínio de conteúdo e a capacidade de comunicação escrita do aluno. Dependendo dos objetivos formulados pelo professor, ele escolherá a forma como deve ser apresentada a pesquisa a ser realizada.

Uma avaliação nessa perspectiva coloca o aluno no centro do processo de ensino-aprendizagem, como produtor de conteúdos e não apenas como ouvinte passivo de conteúdos apresentados pelo professor, além de trabalhar de modo interdisciplinar, pois os alunos precisam mobilizar vários saberes que extrapolam a disciplina foco de estudo.

9. *Portfólio*

O *portfólio* refere-se a uma coletânea de atividades desenvolvidas pelo aluno que documentam e evidenciam o seu desenvolvimento, suas competências e suas habilidades apropriadas por ele em determinada etapa de estudo documentado, portanto, a vida escolar do aluno em determinado período (WATERMAN, 1991).

É consenso na literatura sobre o tema a sua importância, sobretudo em razão de armazenar dados do desenvolvimento do aluno de maneira contínua e processual.

ATENÇÃO! O uso do portfólio pode ser tanto como instrumento para a avaliação da aprendizagem do aluno, em qualquer nível de ensino, quanto como instrumento de autorreflexão para o estudante.

Além de avaliar, o professor pode e deve fazer uso do *portfólio* do aluno para redirecionar questões relacionadas ao seu ensino-aprendizagem, de maneira que forneça condições para as necessidades específicas de sua aprendizagem.

Como instrumento para o professor, é importante que o docente tenha clareza dos objetivos propostos para cada atividade que fará parte do *portfólio*, pois, assim, ele terá meios mais concretos de avaliar o desenvolvimento do aluno e, ainda, promover ajustes, caso seja necessário.

Para o aluno, o *portfólio* tem a função de documentar e demonstrar seu desempenho durante uma etapa específica de estudo, fornecendo informações importantes sobre seu processo de aprendizagem para que ele tenha consciência dos objetivos alcançados e daqueles que ainda não são satisfatórios. Com isso, o aluno pode se tornar mais sujeito de seu desenvolvimento, procurando meios, de suprir suas dificuldades e identificando caminhos para sua melhoria.

É importante dizer também que cabe ao professor essa função de orientar o aluno em como ele pode melhorar seu desempenho em relação a questões que, porventura, tenha tido alguma dificuldade ou desempenho insatisfatório; portanto, professor e aluno são responsáveis e sujeitos no processo de ensino-aprendizagem.

Podem fazer parte de um *portfólio* reflexões sobre conteúdos estudados, atividades escritas realizadas pelos alunos, gravações de seu desempenho em alguma atividade, estudos de caso, observações e relatórios elaborados pelo professor sobre alguma questão da aprendizagem que envolva o aluno. Além disso, pode ser organizado por área de conhecimento, período ou outra organização que o professor julgar pertinente.

Ao utilizar esse instrumento como forma de avaliação, o professor confere uma visão processual do desempenho do aluno de maneira contínua, em determinado período, e tem muito mais dados para avaliá-lo que no uso apenas de provas e exames, de forma somativa, ao final do bimestre ou do ano letivo.

10. Situação-problema

Situação-problema é um recurso de ensino-aprendizagem baseado em problema para ser resolvido pelo aluno e que pode ser utilizado em qualquer nível de ensino e em qualquer disciplina ou área do conhecimento humano.

O problema, formulado com uma pergunta, é um obstáculo elaborado pelo professor, objetivando a transposição desse obstáculo pelo aluno e buscando soluções que, muitas vezes, não estão parametrizadas.

As situações devem refletir questões reais do dia a dia, de alguma área do saber ou do contexto profissional. Há situação-problema real e também fictícia, é elaborada para fins educacionais, mas com base em algum aspecto real, caso contrário, a situação-problema perde a sua característica e relevância. Ela deve ser apresentada de maneira contextualizada, instigante e realista, para que o aluno seja capaz de se enxergar na situação proposta.

Ao elaborar uma situação-problema, o professor precisa ter clareza do objetivo de tal atividade, isto é, o que ele pretende ensinar e o que ele deseja que o aluno aprenda com o problema proposto.

O resultado da atividade pode ser um relatório escrito, uma apresentação oral, com uso de recursos como Power Point, ou mesmo uma discussão informal em sala de aula, entre outras possibilidades.

A relevância dessa abordagem está no fato de se trabalhar a teoria associada à prática de maneira contextualizada, assim como eleger problemas que sejam representativos da prática, do cotidiano do aluno ou da situação que se quer evidenciar.

Entretanto, essa abordagem pode trazer alguns desafios, pois exige planejamento. Embora o professor, ao criar o problema, tenha clareza das questões que o envolvam, dos saberes que precisará mobilizá-lo para mediar a discussão e dos apontamentos feitos pelos alunos, é justamente nesse aspecto que reside o desafio, pois muitos assuntos podem ser introduzidos na discussão, inclusive questões que o professor possa não ter considerado. É justamente nesse ponto que essa abordagem torna-se instigante tanto para o professor quanto para o aluno, pois este pode se sentir encorajado e curioso, questionando e problematizando questões relacionadas ao tema do problema.

Por outro lado, utilizar a situação-problema como instrumento de avaliação permite ao aluno, além de perseguir o objetivo a ser esclarecido, responder aos questionamentos, mobilizar competências e habilidades bastante amplas para a resolução da tarefa, pesquisar, raciocinar, buscar soluções para o problema, pensar sob estímulo específico, olhar para a situação sob múltiplas perspectivas, além de outras habilidades e competências necessárias.

Portanto, essa tarefa cumpre a função escolar: fazer o aluno pensar, refletir, buscar soluções, aprender a aprender e ser autônomo no seu aprendizado, questões da educação contemporânea.

Nessa perspectiva, fica claro que receber de maneira passiva os conteúdos do professor ou simplesmente decorar informações podem não ser suficientes para um aprendizado afinado com a nossa realidade e complexidade social.

Esses são argumentos bastante adequados para justificar o uso de situação-problema como instrumento de avaliação devido à sua complexidade e necessidade de mobilização de competências e habilidades específicas, mas amplas, contribuindo para uma formação integral do aluno.

Avaliar nessa perspectiva é mais democrático, mais afinado com o paradigma de avaliação e de educação que buscamos construir.

Com a apresentação dos critérios para a escolha dos procedimentos e instrumentos de avaliação e algumas sugestões de instrumentos de avaliação a ser implementados em sala de aula, com suas justificativas, encerramos este curso.

É importante ressaltar o fato de que o que foi apresentado neste curso não tem a pretensão de esgotar o assunto sobre avaliação educacional e da aprendizagem e o que diz respeito aos instrumentos propostos para uso, mas servem como ponto de partida para remodelarmos o papel da avaliação na educação formal em todos os níveis de ensino.

A perspectiva que defendemos como modelo de avaliação busca identificar necessidades de aprendizagem do aluno, propondo o uso de instrumentos diversificados de avaliação, objetivando uma avaliação democrática por proporcionar formas diversas de manifestação do aluno quanto ao seu aprendizado.

A escolha de um dos instrumentos aqui sugeridos, ou de outro que faça parte do seu cotidiano pedagógico, não exclui a possibilidade de utilizar vários instrumentos para a avaliação da aprendizagem.

Como temos defendido ao longo de todo o curso, devemos utilizar instrumentos diversificados, afinados com os objetivos de aprendizagem elencados para as situações didáticas, e que permitam ao aluno demonstrar seu aprendizado e ao professor refletir sobre todo o processo de formação do estudante. Dessa forma, a avaliação passaria de excludente, classificatória e seletiva para mediadora e inclusiva.

Glossário – Unidade 4

Atividade de pesquisa – forma de promover a aprendizagem significativa em sala de aula, contextualizada e processual de investigação sobre determinado objeto, fato ou fenômeno, contribuindo para a formação contínua e formativa do aluno. Recurso valioso, utilizado como instrumento de avaliação da aprendizagem.

Desenho – forma lúdica de manifestação de conceitos e conhecimentos; maneira de representação da imagem mental que temos sobre algo, que o justifica, também, como instrumento de avaliação.

Diário de bordo – instrumento de avaliação que permite acompanhar o processo evolutivo do desenvolvimento do aluno. Forma de o professor registrar fatos e acontecimentos que ocorrem em sala de aula em relação a seus alunos e, também, de o aluno registrar questões relacionadas a atividades pedagógicas de que participam.

Dramatização – no ensino-aprendizagem, promove a participação e integração do aluno perante o objeto estudo, o convívio social, o estímulo e melhoras na expressão verbal e não verbal, além de ampliar o repertório relacionado ao conteúdo desenvolvido na atividade, sendo, dessa forma, um excelente instrumento de avaliação.

Estudo de caso – abordagem de ensino-aprendizagem e avaliação da aprendizagem, em que se focaliza o aspecto unitário de um fenômeno popular, considerando seu contexto e suas múltiplas dimensões, com análise em profundidade.

Maquete – abordagem pedagógica que permite o domínio visual do conjunto espacial sobre determinada temática, podendo ser também utilizado como instrumento de avaliação.

Pegadinha – ato ou fato de colocar alguém propositadamente em situação embaraçosa, com a intenção de fazer graça ou enganar.

Portfólio – coletânea de atividades desenvolvidas pelo aluno que documentam e evidenciam seu desenvolvimento, suas competências e habilidades apropriadas em determinada etapa de estudo, documentando, portanto, a vida escolar do aluno em determinado período.

Situação-problema – recurso de ensino-aprendizagem que se baseia no problema a ser resolvido pelo aluno, podendo ser utilizado em qualquer nível de ensino e em qualquer disciplina ou área do conhecimento, inclusive, como instrumento de avaliação.

Subsídios – meios; elementos de estudo.

Referências

AFONSO, A. J. *Avaliação Educacional*: regulação e emancipação. 4. ed. São Paulo: Cortez, 2009.

ALVARENGA, G. M.; ARAÚJO, Z. R. Portfólio: conceitos e indicações para utilização. *Estudos em avaliação educacional*, v. 17, n. 33, jan./abr., 2006. Disponível em: <http://www.fcc.<org.br/pesquisa/publicacoes/eae/arquivos/1281/1281.pdf>. Acesso em: 21 jul. 2015.

ALVES-MAZZOTTI. Usos e abusos dos estudos de casos. *Cadernos de Pesquisa*, v. 36, n. 129, set./dez., 2006.

AMANCIO, C. F. C. *Desenho infantil enquanto objeto de investigação psicopedagógico*. Trabalho de Conclusão de Curso (Psicopedagogia). Universidade Cândido Mendes. Disponível em: <http://www.avm.edu.br/monopdf/6/CRISTIANE%20 FERREIRA%20CUNHA%20AMANCIO.pdf>. Acesso em: 21 jul. 2015.

AMORIM, A. *Avaliação institucional da universidade*. São Paulo: Cortez, 1992.

ANGELO, T. A.; CROSS, K. P. *Classroom assessment techniques: a handbook for college teachers*. 2. ed. San Francisco, JosseyBass, 2008.

ANTUNES, C. *A avaliação da aprendizagem escolar*: fascículo 11. 9. ed. Petrópolis: Vozes, 2012.

ASSIS, L. M.; LUZ, R. C. R.. Avaliação, currículo e docência: contribuições teóricas e conflitos da prática. *XXVI Simpósio Brasileiro de Política e Administração da Educação*. Recife: Série Cadernos ANPAE, 2013. v. único.

AZZI, S. Avaliação e progressão continuada. In: AZZI, S. (Coord). *Avaliação do desempenho de progressão continuada*: projeto de capacitação de dirigentes. Belo Horizonte: SMED, 2001.

BERTOLDO, J. *Avaliações diagnósticas* – 1° ao 5° ano do ensino fundamental. 18 out. 2013. Disponível em: <http://files.comunidades.net/alfabetizacaotempocerto/1._ diagnostico__1_ano_LP.pdf>. Acesso em: 15 jul. 2007.

BLOOM, B. S. et al. *Evaluación del aprendizagen*. Argentina: Troquel, 1975.

BRANDÃO, H. P.; GUIMARÃES, T. A. Gestão de competências e gestão de desempenho: tecnologias distintas ou instrumentos de um mesmo construto? *Revista de Administração de Empresas*, v. 41, n. 1, jan./mar. 2001.

BRASIL. Senado Federal. *Lei de diretrizes e bases da educação nacional: n° 9394/96*. Brasília, 1996.

_____. Senado Federal. *Lei de diretrizes e bases da educação nacional: n. 9394/96*. Brasília: Senado Federal, 1996.

_____. Ministério da Educação e do Desporto. Secretaria de Educação Fundamental. *Parâmetros curriculares nacionais*: introdução aos parâmetros curriculares nacionais. Brasília: MEC/SEF, 1997.

_____. Senado Federal. *Constituição da República Federativa do Brasil*. Brasília: Senado Federal, 1988.

_____. Ministério da Educação e do Desporto. Secretaria de Educação Fundamental. *Referencial curricular nacional para a educação infantil*. Brasília: MEC/SEF, 1998.

_____. Ministério da Educação e do Desporto. Secretaria de Educação Fundamental. *Parâmetros curriculares nacionais*: terceiro e quarto ciclos do ensino fundamental: introdução aos parâmetros curriculares nacionais. Brasília: MEC/SEF, 1998.

_____. Ministério da Educação e do Desporto. Secretaria de Educação Fundamental. *Parâmetros curriculares para o ensino médio*. Brasília: MEC/SEF, 2000.

_____. Ministério da Educação. Instituto Nacional de Estudos e Pesquisas Educacionais Anísio Teixeira. *Estudos exploratórios sobre o professor brasileiro com base nos resultados do Censo Escolar da Educação Básica 2007*. Brasília: INEP, 2009.

CAMARGO, A. L. C. O discurso sobre a avaliação escolar do ponto de vista do aluno. *Revista da Faculdade de Educação*, São Paulo, v. 23, n. 1-2, jan./dez., 1997.

CANAL FUTURA. *Registros em sala de aula (Revista Nova Escola) – conexão Futura – Canal Futura*. Disponível em: <www.youtube.com/watch?v=k_Nw28aIzUE>. Acesso em: 20 jul. 2015.

CHAVES, S. M. *Avaliação da aprendizagem no ensino superior*: realidade, complexidade e possibilidades. Disponível em: <www.sinprodf.org.br/wp-content/uploads/2012/01/tx_6_avaliacao_aprendizagem.pdf>. Acesso em: 15 jul. 2015.

CINTRA, A. M. M.; PASSARELLI, L. G. *Leitura e produção de texto*. São Paulo: Blucher, 2011.

COSTA, S. F. Matriz de especificações: suporte operacional de uma avaliação. *Estudos em Avaliação Educacional*, Fundação Carlos Chagas, São Paulo, n. 12, p. 59-65, 1995.

D´AGNOLUZZO, E. A. M. M. *Critérios e instrumentos avaliativos* – reflexo de uma aprendizagem significativa. Disponível em: <www.diaadiaeducacao.pr.gov.br/portals/pde/arquivos/142-4.pdf>. Acesso em: 21 jul. 2015.

DEMO, P. *Avaliação qualitativa*. São Paulo: Cortez, 1987.

DIAS SOBRINHO, J. *Avaliação da educação superior*. Petrópolis: Vozes, 2000.

_____. *Universidade e avaliação*: entre a ética e o mercado. Florianópolis: Insular, 2002.

_____. *Universidade e avaliação*: entre a ética e o mercado. Florianópolis: Insular, 2002.

_____. Avaliação da educação superior: regulação e emancipação. *Avaliação*: *Revista da Rede de Avaliação Institucional da Educação Superior*, Campinas, Ano 8, v. 8, n. 2, p. 31-47, 2008.

_____. Avaliação: políticas e reformas da educação superior. São Paulo: Cortez.

DIAS, V. B. et al. *O diário de bordo como ferramenta de reflexão durante o estágio curricular supervisionado do curso de ciências biológicas da Universidade Estadual de Santa Cruz – Bahia*. Disponível em: <http://www.academia.edu/6861575/O_Di%C3%A1rio_de_Bordo_como_ferramenta_de_reflex%C3%A3o_durante_o_Est%C3%A1gio_Curricular_Supervisionado_do_curso_de_Ci%C3%AAncias_Biol%C3%B3gicas_da_Universidade_Estadual_de_Santa_Cruz_Bahia>. Acesso em: 20 jul. 2015.

FERREIRA, A. *A criança e a arte:* o dia a dia da sala de aula. Rio de Janeiro: Wak, 2012.

FREIRE, P.; FAUNDEZ, A. *Por uma pedagogia da pergunta*. Rio de Janeiro: Paz e Terra, 2011.

GATTI, B. A. O rendimento escolar em distintos setores da sociedade. *Estudos em Avaliação Educacional*, n. 7, São Paulo, Fundação Carlos Chagas, 1993.

_____. Avaliação educacional no Brasil: experiências, problemas, recomendações. *Estudos em Avaliação Educacional*, n. 10. São Paulo, Fundação Carlos Chagas, 2013.

_____. O professor e a avaliação em sala de aula. *Estudos em Avaliação Educacional*, n. 27, jan.-jun, 2003.

GIPPS, C. *A avaliação de sistemas educacionais*: a experiência inglesa. Disponível em: <http://www.crmariocovas.sp.gov.br/pdf/ideias_30_p123-135_c.pdf>. Acesso em: 25 jun. 2015.

GOMES, C. *Guerra fria*. Disponível em: <www.infoescola.com/historia/guerra-fria/>. Acesso em: 29 jun. 2015.

GOMES, S. S. *Caderno 6 – avaliação no ensino médio*. Disponível em: <www.youtube.com/watch?v=55tmVmSQDNQ>. Acesso em: 15 jul. 2015.

GONÇALVES, S. C. *Avaliação da aprendizagem no ensino médio*. Monografia (Educação). Universidade do Extremo Sul Catarinense. Criciúma. Disponível em: <www.bib.unesc.net/biblioteca/sumario/000037/0000379B.pdf>. Acesso em: 15 jul. 2007.

HADJI, C. *A avaliação desmitificada*. Porto Alegre: Artmed, 2001.

INEP. *Sobre o Enem*. Disponível em: <http://portal.inep.gov.br/web/enem/sobre-o-enem>. Acesso em: 27 jun. 2015.

_____. *O que é o PISA*. Disponível em: <http://portal.inep.gov.br/pisa-programa-internacional-de-avaliacao-de-alunos>. Acesso em: 27 jun. 2015.

INSPER. *O estudo de caso como prática pedagógica*. Disponível em: <www.youtube.com/watch?v=UVZiMbOBSag>. Acesso em: 20 jul. 2015.

KATTO, S. B. A dramatização como ferramenta didática. *Cadernos PDE*, v.1, Paraná, 2008.

LEWY. A. Avaliação de currículo. São Paulo: Editora Pedagógica e Universitária, 1979.

LIBÂNEO, J. C. *Didática. São Paulo: Cortez*, 1999.

LUCKESI, C. C. *Avaliação da aprendizagem escolar*. 13. ed. São Paulo: Cortez, 2002.

_____. *Educação, avaliação qualitativa e inovação – II*. Brasília: INEP, 2012.

_____. *Avaliação da aprendizagem na escola*: reelaborando conceitos e recriando a prática. Salvador: Malabares Comunicação e Eventos, 2005.

_____. *Avaliação da aprendizagem*. São Paulo: Cortez, 1995.

MELHEM, A. *Modelos de avaliação escolar utilizados em sala de aula – uma análise dos cursos de administração na Universidade Federal do Espírito Santo (UFES) e de uma faculdade particular*: insumos para o aperfeiçoamento da gestão educacional. Dissertação (mestrado em Educação). Rio de Janeiro, 2002. Fundação Getúlio Vargas.

MONTEIRO, M. M. Área de projecto – Guia do aluno – 12° ano. Porto: Porto Editora, 2007.

NORRIS, N. *Understanding educational evaluation*. Kogan Page. London: Published with association with – CARE – School of Education, University of East Anglia, 1993.

PERES, R. S.; SANTOS, M. A. *Considerações gerais e orientações práticas acerca do emprego de estudos de caso na pesquisa científica em Psicologia. Interações*, v. X, n. 20, p. 109-126, jul./dez. 2005.

PERRENOUD, P. *Avaliação*: da excelência à regulação das aprendizagens – entre duas lógicas. Porto Alegre: Artmed, 1999.

PESTANA, M. I. G. S. O sistema nacional de avaliação da educação básica. *Estudos em Avaliação Educacional*, n. 5. Fundação Carlos Chagas, São Paulo, 1992.

POPHAM, H. J. *Avaliação educacional*. Porto Alegre: Globo, 1983.

PORTAL DIA A DIA EDUCAÇÃO. *Mesa-redonda sobre avaliação*: instrumentos e práticas da avaliação e a prática do professor. 30 jan. 2012. Disponível em: <www.youtube.com/watch?v=4u2FlPsDhdk>. Acesso em: 21 jul. 2015.

PORTILHO, E. M. L.; ALMEIDA, S. C. D. Avaliando a aprendizagem e o ensino com pesquisa no Ensino Médio. *Ensaio: aval. pol. públ.* Educ., v. 6, n. 60, jul./set. 2008.

RABELO, E. H. *Avaliação*: novos tempos, novas práticas. Petrópolis: Vozes, 1998.

ROSA, L. C. *O uso da maquete como ferramenta de construção do saber geográfico*. Disponível em: <http://periodicos.unesc.net/index.php/jogadademestre/article/viewFile/972/882>. Acesso em: 20 jul. 2015.

SILVA, F. C. *Como ensinar ou aprender por meio de situações-problema*. Disponível em: <www.youtube.com/watch?v=0EA8KGd-zJo>. Acesso em: 22 jul. 2015.

SILVEIRA, L. M.; SOUSA, N. G. *Construção da maquete do espaço escolar*. Disponível em: <http://portaldoprofessor.mec.gov.br/fichaTecnicaAula.html?aula=1229>. Acesso em 20 jul. 2015.

SORDI, M. R.; LÜDKE, M. *A avaliação nos novos contextos e paradigmas educacionais*. Disponível em: <http://www.grupoa.com.br/revista-patio/artigo/6484/a-avaliacao-nos-novos-contextos-e-paradigmas-educacionais.aspx>. Acesso em: 29 jun. 2015.

TEORODO, P. F. *Avaliação da aprendizagem na educação infantil*: um processo em construção. Trabalho de Conclusão de Curso (Pedagogia). Universidade Estadual de Londrina. Disponível em: <www.uel.br/ceca/pedagogia/pages/arquivos/PATRICIA%20FERREIRA%20TEODORO.pdf>. Acesso em: 14 jul. 2007.

TRIGO, D. *Avaliação diagnóstica – prática pedagógica com Daniela Trigo*. Disponível em: <www.youtube.com/watch?v=f0WZUVnqJgI>. Acesso em: 6 jul. 2015.

TV SÃO JUDAS. *Educação continuada* – situação problema (I). Disponível em: <https://www.youtube.com/watch?v=3afFx0Xz0Q8>. Acesso em: 22 jul. 2015.

UNIVESP. *Caminhos e descaminhos da avaliação educacional*. Disponível em: <www.youtube.com/watch?v=sJeGDLfv4LA>. Acesso em: 6 jul. 2015

_____. *Avaliação da aprendizagem*: formativa ou somativa? Disponível em: <www.youtube.com/watch?v=G5VEkMf5DRk>. Acesso em: 6 jul. 2015.

VASCONCELOS, M. L. M. C. A *formação do professor de ensino superior*. São Paulo: Pioneira, 2000.

VIANNA, H. M. Avaliação do desempenho em Matemática e Ciências – uma experiência em São Paulo e Fortaleza. *Estudos em Avaliação Educacional*, n. 5. Fundação Carlos Chagas, São Paulo, 1992.

_____. Avaliando a avaliação – da prática à pesquisa. *Estudos em Avaliação Educacional*, n. 5. São Paulo, dez. 2014.

_____. *Introdução à Avaliação educacional*. São Paulo: Ibrasa, 2001.

VIANNA, H. M.; GATTI, B. A. Avaliação do rendimento de alunos de escolas de 1º grau da rede pública – uma aplicação experimental em 10 cidades. *Educação e Seleção*, n. 17. Fundação Carlos Chagas, São Paulo, 1988.

WATERMAN, M. A. Teaching portfolios for summative and peer evaluation. In: *American Association for Higher Education Conference on Assessment for Higher Education*, 6, San Francisco, 1991. Paperpresented.

Renato Antonio de Souza

Tem licenciatura em Letras (línguas portuguesa e inglesa) pelas Faculdades Integradas Tibiriçá (SP). É mestre em Linguística Aplicada e Estudos da Linguagem pela Pontifícia Universidade Católica (PUC-SP). Tem experiência na docência em todos os níveis de educação, inclusive com formação continuada de professores, desenvolvendo projetos na Secretaria de Educação do Município de São Paulo e do município de Cajamar. É professor e orientador educacional no Centro Paula Souza e também na Faculdade de São Paulo (Uniesp).

Impresso por

META

www.metabrasil.com.br